金融再編の深層

高橋温の証言

高橋 温
Atsushi Takahashi

朝日新聞出版

はじめに

私は一九四一年に生まれ、京都大学法学部を卒業後、住友信託銀行（現三井住友信託銀行）に入社した。出身は岩手県である。

入社後、主に金融当局とのパイプ役や企画を担当する業務部長などを経験。一九九八年三月に社長に就任、会長を経て今、相談役の職にある。

社長を七年四カ月務め、会長職にあった時期も含めると、同時期の大手銀行の経営者の中で最も長く経営に携わったことになる。

私が住友信託の社長・会長を務めた一三年間は、日本金融界においては危機と再編の時代であった。

一九八〇年代に始まったバブル経済が、九〇年代に入ってはじけ、地価は下落して不良債権が激増、金融機関の経営を圧迫していた。九五年の住専問題に始まり、九七年には北海道拓殖銀行、続いて山一證券が経営破綻《はたん》する。

またこの時期、米国からの圧力を受けた日本の金融当局は、金融界の規制緩和と対外開放に向けて舵《かじ》を切った。

戦後長く続いてきた規制金利は八五年から漸次自由化が進められ、九四年の普通預金金利の自由化をもって金利の自由化は完了した。九六年に誕生した橋本龍太郎《はしもとりゅうたろう》内閣は「日本版金融ビッグバン」と称した金融関連の大幅な規制緩和を進め、それまで分離されていた銀行、証券会社、保険会社それぞれが子会社などを使って相互の領域に参入することを認め、都市銀行、長期信用銀行、信託銀行の業務を分けていた垣根も取り払われた。

金融行政は九〇年代後半に至って、許認可によって内外企業の活動を制限する護送船団方式を捨て、市場化・国際化に向けて一気に走りだしたのである。

私が銀行経営陣の一角に入った当時、金融界はグローバリゼーション（国際化）の真っただ中にあった。国際化により、主要プレーヤーとして最低限必要な経営サイズが、それ以前に比べて大幅に切り上がっていた。

世界規模の競争の中で生き残るためには、厚い人材と広い取引基盤が欠かせない。都銀に比べてサイズの小さな長信銀や信託銀行は、単独では国際業務を展開する金融機関としてとどまることが難しい状況に置かれていた。

その一方で、われわれの主戦場である信託市場は、経済の成熟化に伴って大きく成長する可能性を秘めていた。強い経営体を維持すれば、他にのみ込まれることなく、規制緩和に後押しされた資産運用ニーズを捉えるチャンスが広がる。

社長として私がかかわった日本長期信用銀行（長銀）との合併構想、ＵＦＪ信託銀行（現三菱Ｕ

ＦＪ信託銀行）の買収構想にしても、背景にあったのは日本金融界の市場化と国際化である。グローバリゼーションの下でいかにして企業としての生き残りを図るかが、経営者としての私の第一の課題であり、私の後に続いた経営者たちが住友信託と中央三井信託銀行の合併を進めたのも同じ理由からである。

私が社長となったその年に行った長銀との合併交渉は、日本の金融界が信用危機の瀬戸際にある中で、政治の世界からも一般国民からも大きな注目を集めることになった。

またその後に経験したＵＦＪ信託の買収交渉は、基本合意まで取り付けた後にそれを破棄されたことで、国内ではまれであった大型Ｍ＆Ａ（合併・買収）をめぐる民事裁判に発展することになり、やはり各界の注目を浴びることになった。

いずれの問題についても、その評価は人によってさまざまに違い、メディアもまた必ずしも真実を伝えていない。

私はこれらの事件の当事者として、自ら体験した事実をきちんと書き残し、経営者としての私の経験をぜひ、今後の教訓として生かしてほしいと考えた。

今の日本を眺めわたすと、政府の財政赤字は積み上がり、若者たちは就職難に苦しみ、震災による被害の爪痕は大きく、長引くデフレ（物価下落）で日本人は自信喪失気味である。

アベノミクス（安倍晋三《あべしんぞう》内閣の経済政策）で一筋の光明が見えたが、銀行の経営に関して言うなら、これからも環境は厳しいであろう。

だが少なくとも二〇年前のように、すべての銀行が追いつめられたという状況ではない。次の成長のための手だてを考える時期に入っている。

日本ではこれから少子高齢化が進行していく。何も手を打たなければ社会、経済は停滞する一方となるだろう。マーケットを活性化させ、人々の気持ちを前向きにしていく方策を、国民みなで考えていかねばならない。各金融機関も、この二〇年間で払ってきた大きな犠牲を次の時代に生かし、新たな日本の国づくりの一助としなければならない。

本書で過去二〇年間のことを語る意味も、そこにある。

これからの日本の可能性に、私は失望していない。

二〇一三年五月

高橋《たかはし》　温《あつし》

金融再編の深層

高橋温の証言

◉目次

金融再編の深層

高橋温の証言

第一章

社長就任

――混乱極める金融界

バブル崩壊から学んだこと

バブルの熱狂

私が住友信託銀行社長に就任したのは一九九八年、日本経済が金融危機の渦中にあって揺れ動いていたときのことだった。

九〇年代後半の金融界の混乱は、八〇年代後半のバブルの発生とその崩壊に始まる。社長就任前後の状況を読者に把握いただくために、まずバブルの発生と崩壊の経緯を振り返っておきたい。

バブル発生の端緒となったのは、八五年のプラザ合意である。

この年、米国ニューヨークにおいて先進五カ国首脳によるドル安誘導容認の国際的合意が発表された。これを受けて為替市場では八〇年代後半から九〇年代前半にかけて、急激な円高が進行した。八五年の年初には一ドル＝二五〇円台だった円相場は、八六年末には一六〇円を突破。八七年には一ドル＝一二〇円台にまで上昇する。

二年間で二倍にも達した円高は日本経済を支えていた輸出産業に大きな打撃を与え、これに対して日本銀行（日銀）は、円安誘導と内需拡大を意図して金融緩和を進めた。

八五年に五・〇%であった公定歩合は、八七年には二・五%まで下がっている。この金利水準は、当時としては戦後最低となる超低金利だった。

記録的な金融緩和によって日本国内のマネーサプライ(通貨供給量)は急速に増加、「金余り」が発生する。投機的な資金が流入したことで地価と株価は急上昇し、建設投資と消費が拡大、八七年ごろになると、景気は好転を通り越して過熱の様相を帯び始めた。

「バブル」の発生である。

振り返れば、銀行は公的資金の注入を受けるなど、国民に多大な迷惑をかけた。とくに銀行の過剰な土地融資がバブルの生成に手を貸したことは否定できない。カネの流れとリスクは銀行に、権力は大蔵省(現財務省)に集中し、結局は危機を回避できなかったことに対する責めは免れないだろう。ただ銀行がそのとき、理想的な振る舞いをするように努めていればバブルは避けられたかと言えば、そうは思わない。八〇年代のバブルの生成過程を振り返ると、問題はそう単純ではない。

根本にあるのは、長年にわたって形成された土地神話であり、プラザ合意以降の急激な外資流入が、火に油を注ぐ形になった。

土地神話が形成される背景には、輸出競争力が増大し、高い経済成長と国際収支の大幅黒字が定着するようになった六九年の経済白書が、副題として「豊かさへの挑戦」を掲げたように、経済大国としての過剰な自信、成長への根拠なき確信があった。バブルの生成当時、わが国に蔓延《まんえん》していたユーフォリア（陶酔感、高揚感）は現在では想像できないであろう。

八五年に公表された国土庁（現国土交通省）監修による「首都改造計画」は、東京都区部において見込まれるオフィス需要を二〇〇〇年までに約五〇〇〇ヘクタール（超高層ビル二五〇棟に相当）と予測しており、首都圏に端を発する全国的な地価高騰に、お墨付きを与える結果となった。

金融引き締めから失われた二〇年へ

数年にわたる地価の高騰は世論の強い批判を招き、日銀は八九年五月に至って、それまでの継続的な金融緩和姿勢を一転させる。公定歩合を二・五％から三・五％へと、一気に一％引き上げ、その後も連続的な利上げを実施したのである。翌九〇年八月には公定歩合は六・〇％に達した。

一気呵成《いっきかせい》の金利引き上げは投機マネーを縮小させ、その影響はまず株価に表れた。

東京証券取引所の日経平均株価は、八九年一二月二九日に史上最高の三万八九一五円の終値を記録した後、九〇年からは一転して下落し始めた。そのスピードは速く、同年一〇月には二万円を割り込んでいる。

九〇年三月、金利引き上げと時を同じくして、大蔵省銀行局から国内各金融機関に対し、「土地関連融資の抑制について」と題する通達が発せられた。

この通達は行き過ぎた不動産価格の高騰の是正を目的とするもので、その骨子は、

①不動産向け融資の伸び率を総貸し出しの伸び率以下に抑える
②不動産業、建設業、ノンバンクに対する融資の実態報告を求める
の二点だった。世に言う「総量規制」である。

この通達における不動産向け融資は住宅金融専門会社（住専）を対象としておらず、また農林系金融機関も対象外とされたため、農林系金融機関から住専へ、住専から不動産投資へと資金が流れる結果を生んだ。

その一方、通達の狙いであった地価抑制の効果は、同時期の日銀の金融引き締めもあってすぐに表れ、上昇を続けていた地価は、翌九一年には横ばいもしくは下降に転じた。

しかしながら、それまでの地価・株価の高騰が記録的なものであっただけに、下落もまた当局の予想を超えて急速なものとなった。

資産価値の騰貴に支えられていたバブル経済は、これにより一気に崩壊に向かった。

株価と地価の下落はそれから十数年にわたって続き、日本の各金融機関は以後、増え続ける不良債権との苦闘に追われることになる。大蔵省は九二年春、「大手銀行の破綻《はたん》先債権と延滞債権が合計で約八兆円に上る」と発表したが、三年後の九五年には「金利減免債権を含むすべての金融機関の不良債権額は四〇兆円に上る」と修正した。

最初の発表後も地価が下落し続け、実体経済が悪化したことにより、時間の経過とともに不良債

権が膨らみ続けたのである。

最終的な不良債権の総額は四〇兆円では済まなかった。各銀行の決算の数字をもとに、九一年から二〇〇四年にかけての不良債権償却額を合計すると、銀行だけでおよそ一〇〇兆円を処理した計算になる。

バブル経済の崩壊こそ二〇〇〇年代へと至る、日本経済の「失われた二〇年」の始まりであった。

バブル経済からの教訓

バブル経済とその崩壊について、金融業界の人間として、また企業経営者として振り返って、私自身が教訓と感じていることが三つある。

第一は「問題の芽は早くつみ取らねばならない」ということ。

不良債権の償却処理が遅いことについては、九〇年代前半の時点から米国に批判されたりしていたが、問題の芽を早くつみ取るということは、ディスクロージャー（情報公開）と表裏一体のものだ。日本の銀行のディスクロージャーの制度は、この二〇年で世界でもトップレベルまで来た。教訓を生かして諸外国より先に進んだといえる。

第二は、「銀行という、お客様からお金を預かるビジネスの原点は、経営の健全性、お客様との信頼関係にある」ということ。これはバブル後の金融危機を通じて改めて確認したことだ。

二〇〇八年のリーマン・ショックの被害が日本で比較的軽微だったのは、欧米の金融機関が投資銀行業務に熱中しているときに、日本の金融機関が伝統的な金融仲介業務に注力していたためだった。それにはバブル崩壊の教訓が生かされた面もある。

第三は、「マーケットにはいつもオオカミがいる」ということ。九七年から九八年にかけて「日本版金融ビッグバン」で語られた〈市場化〉とは、金融機関がマーケットに身をさらすことである。今はグローバルに経済が動いており、そこには主権国家のような規制権力が存在しない。国際金融はいわば無法地帯、弱肉強食の世界なのだ。経営者はつねにその事実を認識しておく必要がある。

住専問題

バブル崩壊により発生した金融機関の経営危機が一般国民の目に明らかになってきたのは、九〇年代半ばのことである。

九五年七月にコスモ信用組合、八月には木津信用組合、兵庫銀行がそれぞれ経営破綻し、各地域の中小金融機関の経営に問題が生じていることが知られるようになった。

この時期、不良債権の処理において、大きなエポックとなったのが住専問題である。

もともと個人向けの住宅ローンを主に取り扱うノンバンクであった住宅金融専門会社（住専）は、

八〇年代後半のバブル期には、不動産業者向けの不動産担保融資に多くの資金を振り向けるようになっていた。

バブルが崩壊して地価が下落すると、融資先である不動産業者の経営は行き詰まり、金利の支払いが滞るようになった。

地価の上昇局面では、不動産業者は不動産物件を購入しては転売することを繰り返して利益を上げていた。地価が下降に転ずると、そのビジネスモデルは成立しなくなる。

通常であれば、金利支払いが期日通りに行われなかった時点で借り手の「期限の利益」が失われ、金融機関は融資全額の返済を求め、担保としていた土地を差し押さえることになる。差し押さえた土地を売却して貸借関係を清算するのである。

ところがバブル崩壊により、金融機関が融資の担保としていた土地の価格が下がって、融資額より担保とした土地の価値が大幅に低くなってしまう「担保割れ」が続出した。

土地を差し押さえて売却しても、担保割れでは融資が回収できない。つまり清算すると貸し手である金融機関に損失が発生してしまう。

そこで「すぐに貸借関係の清算をしないで金利の延滞を容認し、地価の反転を待とう」という誘惑が生まれることになる。

清算を先延ばしにしている間に地価が反転上昇すれば、担保割れの状態は解消される。融資先である不動産業者の経営も好転して、金利の支払いが再開されるかもしれない。そうなれば貸し手には損失は発生しない。こうして景気回復による地価反転に期待し、金利を延滞している不良債権が即座に清算されないケースが増えていった。

だが融資側の期待に反して地価は下がり続けた。結果、本来なら清算されるべきであるのに、それをしないまま塩漬けにされた融資案件、すなわち不良債権が、金融機関の経営を脅かすまでに膨張していった。

九五年に入ると住専各社が危機的な経営状況にあることが知られるようになり、当時の村山富市《むらやまとみいち》内閣の下で、連立与党がプロジェクトチームを設置。同年八月には大蔵省の立ち入り調査が行われ、住専全体で、総資産の半分に相当する六・四兆円もの損失があることが判明した。

以後、住専問題がメディアをにぎわせることになった。

ノンバンクである住専は、自前で預金を集めることはできない。貸付資金は金融機関からの融資に頼っていた。融資元の中では農林系金融機関の割合が高く、もし住専の不良債権をすべて償却処理すれば、農林系金融機関の負担能力を超え、それらの機関まで連鎖的に破綻してしまう恐れがあった。そこで農林系金融機関の救済のため、住専に公的資金を投入する提案がなされ、閣議で了承された。

九五年一二月、住専問題の処理方法が閣議決定された。

日本版金融ビッグバン

九六年初め、社会党の村山内閣から自民党の橋本龍太郎《はしもとりゅうたろう》内閣に政権が移行する。ただちに開かれた通常国会において、この閣議決定の内容を法案化した「特定住宅金融専門会社の債権債務の処理の促進等に関する特別措置法（住専法）」が提出された。

この法案は、農林系金融機関を救済するために税金を投入することではないのか、という社会的な批判が巻き起こり、審議は紛糾した。最終的には成立したものの、以後、政治の世界には公的資金投入アレルギーともいうべき、大きな負の影響が残ることになる。

住専問題の処理により、総計三・五兆円もの債権放棄を余儀なくされた銀行では、九六年三月期に自己資本比率が大きく低下することになった。

メディアの関心の高まりとともに、銀行の経営問題が一般に知れ渡るようになり、政府は国民のパニックを予防するため、九六年六月、預金の全額保護を決めた。

この決定は、それまでは銀行が破綻したとき預金者一人につき「元本一〇〇〇万円以下」に限って保護していたペイオフ制度を凍結し、預金保護を無制限に拡大するものだった。

九六年一月に誕生した橋本政権は、住専問題とは別に、金融制度の大改革を打ち出していた。それが同年一一月に正式発表された「日本版金融ビッグバン」である。

これはサッチャー政権下のイギリスが実施し、宇宙の始まりの大爆発になぞらえて「ビッグバン」と言われた金融制度改革を模したもので、橋本首相が行政改革、財政構造改革などとともに提唱した六大改革の一つだった。イギリス版ビッグバンの成果は、ロンドン証券取引所の改革であったが、橋本政権が唱えた金融ビッグバンは、主に証券業務に関する規制の緩和と外国為替の自由化だった。金融持ち株会社の導入、株式売買手数料の自由化、銀行の投資信託や保険の販売の自由化、外国為替専門銀行制度の廃止など、金融規制の撤廃や緩和が急ピッチで進められた。

われわれから見ると金融マーケットが自由化された、グローバル化したということになる。証券制度と外国為替制度が中心とはいえ、金融業界全体への影響は大きかった。

この金融改革の背景には、米国の対日圧力があった。

九三年に誕生したクリントン政権は、宮澤喜一《みやざわきいち》首相との間で日米包括経済協議を行い、翌九四年から毎年、日本政府に対して「年次改革要望書」を突きつけている。

この要望書の内容を読むと、貿易赤字を背景とした関税引き下げ、非関税障壁の撤廃と並び、米国の金融資本から出てきたと思われる金融自由化に対する要望が非常に強い調子で書かれている。

たとえば九四年の第一回の要望書の中には、

「日本の金融マーケットは相変わらず細かく分割され、厳しく規制されている。米国政府は日本政府に対し、金融部門についての規制緩和のステップをとるよう要求する」

といった記述が見られる。

巷間《こうかん》、大蔵省が主導したとされる日本版金融ビッグバンも、実際には米国政府による対日圧力を受けての日本政府の対応ではなかったかと私は感じている。

そう感じる理由の一つは、日本版金融ビッグバン以降の金融制度の変更が、バブルが崩壊した日本において、弱体化した日本の金融機関の買収、バルクセール（投げ売り）された債権の買い付けなど、米国の金融資本が各種のビジネスチャンスを獲得することが可能となる方向に明らかに向かっていたからである。そうした背景はともかくとして、銀行による不良債権処理が本格的に始まったのも、橋本政権下での金融政策の転換がきっかけとなっている。

銀行行政の転換

村山政権下の九五年、武村正義《たけむらまさよし》蔵相は談話の形で、不良債権の早期の処理を促す「早期是正措置」の導入と、処理にあたって各金融機関が自らの判断で債権を不良とみなす「自己査定」を認めることに初めて言及した。

この武村談話を受けて、九七年三月、大蔵省は銀行局長の名前で、「早期是正措置制度導入後の金融検査における資産査定について」と題する通達を国内金融機関に発出した。

この通達により初めて、銀行が自己査定によって不良債権を区分し、貸倒引当金を積むことが認められた。それは「有税償却を積極的に進めなさい」という大蔵省からの指示を意味していた。

それまでは不良債権と正常債権の線引きと引き当ては、すべて大蔵省検査部が行う建前になっており、銀行による自己査定などは存在しなかった。大蔵省が認めない限り、銀行は不良債権を不良債権として扱うことさえ許されていなかったのだ。この通達により、その方針が一八〇度転換されたのだった。大蔵省はそれまで銀行が引当金を必要以上に積んで、利益隠しをするのを警戒していたのである。その答えもまた「銀行がもうけすぎているという批判の声が強いから」だった。

銀行の淘汰始まる

ともあれ九七年の制度変更のおかげで、不良債権処理ペースは格段に上がった。

同時にそれにより、不良債権償却に充てられた各行の自己資本は大きく減少した。不良債権処理のための原資が不足する銀行、経営体力のない銀行があぶり出されてきたのだ。

ここから大手行を含む銀行の苛酷な淘汰《とうた》が始まることになる。

最初に資本不足の状態が明らかになってきたのは、都市銀行としては最も規模が小さかった北海道拓殖銀行であり、次には都銀大手に比べて財務面での体力が劣る日本長期信用銀行（長銀）、日本債券信用銀行（日債銀）の二行だった。

長銀は、設備資金など長期資金の安定供給を目的として一九五二年に施行された「長期信用銀行法」に基づいて設立された金融機関である。この法律は、「短期金融については普通銀行に、長期金融については長期信用銀行と信託銀行に担当させる」という、当時の吉田茂《よしだしげる》政権の金融機関の長短分離政策に沿ったものだった。こうした設立の経緯もあり、長銀はその後も吉田茂の系譜に連なる自民党・宏池会との関係が深かった。

五〇年代の日本は、限られた資本を鉄鋼・電力・石炭・海運の四重点産業へ集中投下する、いわゆる傾斜生産方式によって経済の近代化を進めていた。

金融機関の長短分離政策は、一つにはこれら重点産業の資金調達を円滑にするためのものだった。一九五二年に施行された長期信用銀行法に基づいて新たに発足した長銀は、割引金融債「ワリチョー」、利付金融債「リッチョー」などの長期信用債券を発行することで市場から資金を調達し、その多くを産業金融、とくに四重点産業を中心とする重厚長大型の設備産業に振り向けた。

高度経済成長期には有効に機能した長銀のこの経営形態は、日本経済が成熟し、大型化した企業が自ら社債や株式を発行して市場から資金調達を行うようになると、見直しを余儀なくされる。

七〇年代以降の長銀は、資金需要の減った重厚長大産業に代えて融資先企業の多様化を図ると同時に、債券受託、ディーリング（自己売買）などの証券業務を展開、さらに系列のノンバンクやリース会社などを使って、不動産関連融資の割合を高めていった。

とりわけバブル経済の最中にあった八〇年代後半には、銀行としての規模拡大を図るため、不動産関連融資を拡大する方向へと、明確に経営戦略を転換したとされる。長銀の不動産関連の融資先としては、リゾート開発を主とする不動産会社イ・アイ・イ・インターナショナルや、日本リース、日本ランディック、エヌイーディーなどの系列ノンバンクがあり、結果的にはこうした不動産関連融資への傾斜が、バブル崩壊以降、長銀を深刻な経営危機に追いやることになった。

貸倒引当金についての制度変更があった九七年、世界の金融界では日本の金融危機より、はるかに大きな騒ぎが起きている。「アジア通貨危機」である。

九七年七月、為替先物相場を利用して投機的取引を行うことで知られる、欧米のヘッジファンドの空売りにより、タイの通貨バーツが暴落した。ヘッジファンドのバーツ売りに対し、タイの通貨当局は為替市場で自国通貨を買って対抗したのだが、外貨が尽き、買い支えられなくなってしまったのだ。これをきっかけに、インドネシア、韓国、マレーシア、フィリピン、香港などのアジア諸国の通貨が空売りされ、各国経済が大きな打撃を受けることになった。

アジア金融危機の影響に加え、財政再建を掲げた橋本内閣による緊縮財政もあって、それまで曲がりなりにも回復基調にあった日本国内の景気は、一転して下降に向かい始めた。

大手銀行・証券の破綻

同年一一月、北海道拓殖銀行が経営破綻し、四大証券会社の一角、山一證券が経営破綻により自主廃業した。銀行経営に対する国民の不安が高まり、一つ間違えば取り付け騒ぎなどの信用不安が発生しかねない雰囲気となった。

九八年二月一六日、金融秩序の安定をめざして、金融システム安定化二法が成立した。この法律で橋本政権は住専問題以来、政界におけるタブーとなっていた銀行への公的資金注入に踏み切った。ただし金融システム安定化法に基づく公的資金注入においては、「注入された公的資金が毀損しないよう、注入先は健全行に限る」という、矛盾した条件がついていた。

銀行の経営が危なくなっているから公的資金を入れようというのに、投入先の銀行は危なくないところに限るというのだ。紛糾した住専問題の後遺症だった。

このため、公的資金を申請した銀行に対して、健全行かどうかを見る審査が実施されることになった。公的資金を受けようとする金融機関は「経営健全性確保計画」を提出し、これを預金保険機構内に設けられた「金融危機管理審査委員会」が審査するのである。

この委員会は佐々波《さざなみ》楊子《ようこ》慶應義塾大学教授を委員長とし、委員は大蔵大臣、日本銀行総裁、預金保険機構理事長、民間より経団連次期会長に内定していた今井敬《いまいたかし》新日本製鉄社長、小堀樹《こぼりしげる》日本弁護士連合会次期会長など、都合七名から成っていた（肩書は、いずれも当時）。

委員長である佐々波教授の名をとって「佐々波委員会」と呼ばれた。

金融界激震の中での社長就任

不良債権の早期処理

私が住友信託銀行社長に就任した一九九八年三月二日は、このように日本の金融界が激震のただ中にあったときだった。

経営者は、右肩上がりのいい時代に遭遇できるのが最も幸運だろうとは思うが、世の中はそんなにいい時代ばかりではない。私自身、もともと社長が楽なポストだとは思っていなかった。企業というのは船のようなもので、少し油断していると羽目板が外れて沈没してしまう。その舵《かじ》取りを任されるのである。

就任当時の住友信託銀行の経営状態がどのようなものだったか振り返ってみよう。

前述のように、大蔵省による自己査定制度が導入されたのは九七年のことだが、住友信託銀行経営陣はそれに先立つこと四年前の九三年、社内調査により実質的な不良債権の割合を把握していた。

私はこの年、九三年に常務取締役に昇進し、経営の一端に触れる立場となっていたが、その数字はあまりに巨額に感じられたものだった。経営陣は不良債権の存在を把握するや、資産デフレ（物価下落）が今後も続くという最悪のケースを想定して、その処理を始めた。

ほかの銀行がメーンバンクになっている取引先の場合は、その会社をどう扱うかはメーンバンクの意向に左右される。こちらが清算しようとしても、反対されればどうしても残ってしまう。そこで調整に時間がかかる他行がらみの債権は別として、まず当社や当社の関連会社だけで完結できる不良債権処理に取りかかる方針を決めた。

翌九四年には、住友信託の関連ノンバンクだった日本モーゲージを特別清算し、一〇〇〇億円の不良債権を処理している。それまでも特別清算の法律はあったが、銀行の不良債権処理で使われたことはなかった。当社が利用第一号になった。後に大手銀行が相次いで手がける関連ノンバンク処理の先駆けである。

この九三年から、私が社長に就任する九八年にかけてが、住友信託の歴史の中で最も経営が厳しい局面だったように思う。毎日報告される不良債権額が増え続け、絶望的な言葉を口にする経営陣も出てきた。経費削減や新規投資の抑制、厚生施設の例外なしの全部売却や海外事務所の閉鎖、果ては社員食堂の廃止まで乗り出したが、地価の下落に伴い、その程度では到底間に合わない、恐るべきペースで不良債権が膨らんでいった。

当社の不良債権処理への着手が早かったことで、「経営が傾いた会社をどんどん潰してしまう、とんでもない銀行だ」という評判がついてしまった。事情を知らない週刊誌などの一部メディアからは「住信はバブルまみれの銀行」と書き立てられ、悪い風評も広がった。

九四年には、住友銀行の名古屋支店長が射殺される事件などもあった。しかし私自身は反社会勢力について何か心配したということは一度もないし、同僚からもそういった話は聞いたことがない。

住友信託は融資額が全体で一〇兆円程度と都銀に比べて少ない上に、融資構造が大企業中心で、中小企業向けマーケットでのプレゼンス（存在感）は小さかった。また役員の私的な関係による貸し出しを非常に嫌う風土もあり、そうした勢力との関係はいっさいなかったのだ。

当時の住友信託経営陣が風評リスクを冒してでも処理を進めようとしたのは、コーポレートガバナンス（企業統治）が正しく機能した結果といえる。

企業が正常な経営判断をするには、社長の独裁でもいけないし、関与する人が多すぎてもうまくいかない。企業の業容に応じた適切な人数の情報共有が不可欠だと私は考えている。ある程度の人数が意思決定に関与すると、あまりおかしなことができなくなる。公明正大な運営をせざるを得なくなるのだ。

住友信託銀行の場合、経営会議メンバーの主要役員に加え、二、三人の主要部長、全体で一〇人程度が不良債権の実態を知っていた。

同じころ、ほかの大手銀行では自行の不良債権の実態を正確に知る役員は少なかったようだ。頭取と担当役員、審査部長のせいぜい四、五人だろう。それが多くの大手銀行で不良債権処理が遅れた原因ではないだろうか。

バブルの責任

バブルに関してこの時期「銀行の責任」ということがよく言われたが、バブルの清算の過程でどれだけ各銀行の当事者が苦労したか、ご存じだろうか。

日本では土地をめぐるお金は銀行中心に流れていたので、地価変動のリスクも銀行に集中していた。リスクが大きいということは、それだけ重責を担うということである。金融機関はより責任を自覚しなければいけない立場だったから、批判を受けるのは当然ではあった。

ただ「銀行がもう少し善い行いをして、振る舞いが理想的であれば、バブルは避けられたか」と聞かれれば、それはなかなか難しかったと思う。

日本では、戦後の復興からバブル期までに長い期間かかって、「土地は決して値下がりしない」という土地神話が形成されていた。

元大蔵省の銀行局長であった西村吉正《にしむらよしまさ》氏が著書『金融行政の敗因』（文藝春秋）の中で述べている意見と同じで、利上げをもっと早められなかったかとか、細かく検証すれば、そういう個別の問題はあるけれども、基本的にはバブルは避けられなかったし、せいぜい一〇の被害が九で終わった程度だったという気がする。

あえて付言すれば、日銀や大蔵省、それに政治家も九一年夏ごろまでは、バブル崩壊に気づいていなかったのではないかと思われる。経済企画庁（当時）が九一年八月の月例経済報告で、いったんは戦後最長の「いざなぎ景気」に並んだという判断を示したことからもわかる。

このころはまだ、日銀の金融政策は引き締めが続いており、公定歩合は九〇年三月、八月と二回引き上げられたし、財政も緊縮型だった。

本来であれば、この時期に政府・日銀あげて総力戦の経済対策が必要だったと思う。ところが、当時の世の中の関心事は、損失補てん問題をはじめとする金融をめぐる不祥事に向けられていた。もちろん、これには金融機関の側にも問題があったのだが、このあたりの一年間にわたる実体経済と政策当局の認識の不一致は影響が大きく、これがその後の日本経済に計り知れないダメージを残すとともに、金融機関の不良債権問題への対応を遅れさせる一因ともなった。

金融システム安定化法成立

私が社長に就任した九八年三月の時点では、前月に成立した金融システム安定化法に基づき、橋本内閣の意を受けた佐々波委員会が、公的資金投入のための準備作業を始めていた。

財務状況が予断を許さない状況の下、大手行のほとんどは公的資金注入を受け入れる必要があった。問題は、公的資金を受け入れることにより、かえって「あの銀行は資本が不足している」と見られ、市場にたたかれかねないことだった。

事情はどの銀行も同じで、みな資金が欲しいにもかかわらず、すぐに手を挙げることはせずに他行の出方をうかがっていた。

各銀行が注目していたのは東京三菱銀行（現三菱東京ＵＦＪ銀行）の対応だった。

当時、大手銀行の中で財務状態が最もよかった東京三菱が公的資金を申請するなら、申請によってほかの銀行が市場から財務的な疑念を抱かれる恐れはなくなる。どの銀行もそう考え、東京三菱の動きを待っていた。東京三菱銀行はそうした銀行界の暗黙の空気に応えたのか、先陣を切って申請の意向を表明。大手一七行がそれに続くことになった。当社に関しては、「公的資金は要らないのではないか」という質問がメディアから多く寄せられていた。

以前の悪評も消えて、当社がそれだけ財務体質が相対的に強いと見られていたということであり、ありがたい話ではあったが、社長としては、決して要らなくはなかった。公的資金がなくても数字上はなんとかなるが、企業活動においては、資本面でのバッファー（緩衝）が得られることはやはり大きい。

私が社長に就任した九八年は、住友信託としての最悪期は過ぎたといっても、なお多くの不良債権を処理し続けなければならない時期だった。他行と比較して不良債権処理が進んでいたといっても、この時点で金融市場は非常に不安定な状況だったし、絶対的な水準としては決して自慢できるものではなかった。経営陣でも毎朝、常務以上の役員が集まり流動性対策を議論していたほどで、流動性すなわち資金繰りは、重要な経営テーマだった。当時はその席で必ず資金繰り表が配られていた。それを見ると「現在の資金繰りがこういう状況で、月末はこういう状況である」ということがわかるようになっている。財務担当役員以下の担当者による流動性対策連絡会という場も設け、そこでの議論は経営会議でも報告を受けるといった状況だった。

なお、この常務役員以上の「朝会《あさかい》」は、中央三井信託銀行との合併後も続いている。もちろん当時とは異なり、経営全般に関する情報交換の場として、経営陣の情報共有化に有効に機能している。

銀行業界初の公的資金注入

経営方針を明示

就任二週間後の三月一六日、私は役員、部長、支店長を集めた一五〇人弱の店部長会議を開いた。私は会議の冒頭で、

「大手行が一斉に公的資金を申請した。当社も一〇〇〇億円の劣後債を発行することになった。この一連の政府の施策が功を奏して、いまだ不安定感が残る金融システムが平静を取り戻すことを期

待している」

と述べ、次の三つの目標と原則を掲げた。

①三菱信託銀行を抜いて業界トップに立つ

②大手一九行のうち株価で上位五位に入る

③バブル期の責任問題は、感情論を排して合法、非合法の基準で判断し、未来志向で進む

企業再編についての方針もこの席で明らかにした。それは、

「当社は今後も自主独立路線を堅持していく。それは十分可能だ。しかし金融ビッグバンが進む中、ほかの金融機関との業務提携についても否定はしない。強い経営体を維持して、多様な選択肢を確保していきたい」

というものだった。社長に就任した時点で私が憂慮していたのは、社内に「不良債権疲れ」ともいうべき雰囲気が蔓延していたことだ。

みな後ろ向きの処理ばかりに追われ、前向きな目標が描けないでいた。バブル崩壊後、九二年ごろからずっと後ろ向きの処理に追われ、厚生施設なども次々となくなっていった。社員の誰もが喪失感に打ちのめされていた。

あえて「バブル期の責任問題については感情論を排し」といった話をしたのは、当社の中にも一部に、「こんな惨状に至ったのは、いったい誰の責任なんだ」という、戦犯を追及するかのような

ムードがあったからである。

それに対して私は「犯人探しをやっていても仕方がない。バブル問題については、もう合法か、非合法かで問えばいい。エモーショナルな議論はやめよう」と総括した。

おかげで以後はそういう議論はなくなった。

ディスクロージャーの徹底

不良債権処理について言えば、私が三月に就任した時点では、「すでに六合目ぐらいまでは来た」という感触を持っていた。

確かに不良債権比率は高かったけれども、私にも個々の不良債権の内容がすべてわかるぐらいの数であり、全体を見通すことができたから、不安におびえるといった精神状態にはならなかった。経営者にとって「見える世界」は不安ではない。その点は都銀に比べて規模が小さい当社の有利な点と言えたかもしれない。

マーケットからも「住友信託銀行は不良債権処理が進んでいる」と見られていたし、他社比で処理が進んでいることは数字でわかっていた。バブル崩壊後の八年間について、各銀行の与信コストがわかっていたのだ。

だから就任後に「不良債権処理が問題だ、なんとかしろ」とハッパをかけるようなことはしていない。代わりに私が指示したのは、社内外へのディスクロージャー（情報開示）だった。

それまで不良債権処理など後ろ向きのプロジェクトは、社外に限らず社内でもうわさに上るだけだった。そうしたプロジェクトについても、「うちの会社は、この案件にこれだけの問題を抱えている」ということを上級幹部の会議でははっきりと言うよう指示した。

社内を一枚岩にするために、株主総会が終わって役員の陣容が固まった時期に、役員や主要部門の部長などを集めて合宿を行うことにした。この合宿についてはその後、日帰りに変えたが、集まりそのものはずっと続けており、出席者全員に五分間の時間を与え、発言させるようにした。

ほとんどの重要問題についての社内の意見が、そこで出てくる。出てくる意見は当然バラバラだが私はその場合も、会社としての方針をはっきり伝えた。私の意見に反対であれば議論してもいい。トップが何を考えているのか伝わらず、社員が疑心暗鬼になることが一番よくないと考えた。「人の覚悟は伝染する」という格言がある。トップが覚悟を決めて方針を示せば、企業全体が活気づく。

こうした措置によって、会社の空気を多少なりとも明るくできたと思う。

当時は時代が大きく動いていたので、私はそれまで立てていた三年ごとの中期経営計画を廃止することにした。長期的な目標は念頭に置くが、当面は目先の利益にこだわって、毎年毎年をしっかりやって経営体質を強化していこうという意図があった。

業態間垣根の撤廃

すでにこの時点で、都銀や証券会社が信託子会社を設立して一部の信託業務に参入することが認められるようになっていたが、九九年度中にはこうした信託子会社への業務制限が撤廃されることになっていた。同じ九九年度には、すべての金融機関に社債発行が解禁されることになっていた。つまり、これまで金融債を発行して資金を得てきた長銀など長期信用銀行（長信銀）の独特なポジションは、意味を失うことになる。

都銀上位行は、信託、証券、保険などを一手に行う総合金融機関への脱皮をめざし、買収によって専業各社を傘下に収める戦略を構想していた。

規模や資金力の点で都銀に比べて立場が弱い信託銀行や長信銀は、本業部分で競合することになると、単独ではビッグバンを生き残れないのではないかと見られていた。

だが私は当時、会議などで「これからがわれわれの出番だ」と事あるごとに言っていた。

日本経済が成熟化することで、大企業の資金需要は必ず減ってくる。そうなれば法人相手の貸し出し業務に妙味はなくなるだろう。一方で、個人の財産運用ニーズは高まっていく。

戦後、金融活動を縛っていた預金や貸し出しについての金利規制は、九〇年代半ばに消滅していた。今後の日本では、資金の流れが、個人では元本保証からリスクのある金融商品へ、法人では間接金融から直接金融に移っていくものと予想されていた。そのつなぎとして信託機能はこれまで以上に重要になってくる。

信託という業種は経済が成熟し、個人に資産が蓄積しないと発展しない。日本経済が成熟し低成長が定着してきたことで、専門性を備えた資産の管理運用へのニーズは増すはずだ。これまで信託銀行は貸付信託に依存して伸びてきたが、これからは資産運用力が勝負となる、と私は読んでいた。

定期預金、ヒット（金銭信託）、貸付信託、実績配当型金銭信託などにとどまらず、確定拠出型年金に代表される、年金型の商品が必要とされるだろう。日本では税制上の優遇措置が十分整備されていないため、個人年金に対するニーズは今一つだったが、自助努力で老後の生活に備えるための商品は遠からず広く注目されるに違いない。

世間で「金融ビッグバンによって、規模の小さな信託銀行は都市銀行にのみ込まれてしまうだろう」と予想する向きが多い中、私は一人「信託銀行の発展はむしろこれからだ」と唱え、弱気になりがちな社員たちを鼓舞していた。

金融再編は不可避

その一方で私は、「日本の金融界がこの先、再編なしでやっていけるとは思えない」とも考えていた。

再編が必要と考えられる背景の一つは、日本経済の成熟化、低成長化である。金融危機を経て経済が下降局面に入り、日本国内が明らかにオーバーバンキング（銀行過剰）になっていた。

もう一つの背景は、グローバリゼーション（国際化）、そして金融の市場経済化である。国内市場で競っていた金融界がグローバリゼーションの波にさらされるとなると、自己資本の額など、企業の最適規模、ミニマムサイズが切り上がってくる。これまでより規模が大きくなければ、世界の舞台では戦えないのではないか、ということだ。

私はその時点の住友信託銀行では、人材と資産規模の面で、グローバルに活動するには小さすぎると考えていた。相手があることなので、どこと合併するということまでは決めてはいなかったが、そのための用意だけは整えていきたいと考えていた。会議でも述べたように、強い経営体質を保っていれば、さまざまな選択肢を確保することができる。準備さえできていれば、あとは時の運次第で、流れが来れば合併も買収もあり得る。

とはいえ私の記憶する限り、私が社長に就任した時点では、不良債権の償却で大手銀行の体力がどこも弱っていたこともあり、再編論自体はそれほど盛んではなかった。どの銀行も自分の足元の経営に追われていた。

就任から一カ月ほどした四月八日、私は信託協会の理事会において、中野《なかの》豊士《とよし》前会長（当時三菱信託銀行社長）の任期満了に伴い、新会長に選出された。

新聞社のインタビューでは、「金融自由化を受けて銀行と当局との関係のあり方が問われており、信託協会も従来の業界団体としての役割を見直していく必要がある」と述べた。

これまで、当局の意向を受けて加盟各社を取りまとめることが中心であった信託協会の役割も、業界としての総意を外に向けて発信していく形に変わろうとしていた。

佐々波委員会に招致

第一次の公的資金の受け入れをめぐっては、「銀行同士で話し合ったのではないか」とか、「当局から根回しがあったのではないか」とよく質問された。都銀同士で話し合いがあったかどうかはわからないが、信託銀行に関してはそういうことはない。

当時はまだ大蔵省が金融業界に行政指導を行っており、信託協会がその受け皿になっていた。私の知る限り、この問題については、そうした話し合いや根回しが行われたことはない。

大蔵省は「こういう制度ができた。法律ができた以上は使ってほしい」というトーンで、「無理にも使え」という強い調子ではなかった。

公的資金を受けるためには、まず佐々波委員会による審査を受けなければならなかった。大手銀行の頭取や社長が順番にそれぞれ一人ずつ呼ばれ、公的資金投入の是非を問う審査を受けるのである。私も審査を受けた一人だった。

日銀内に設けられた会議室に行くと、大きな部屋に審査側である日銀の松下康雄《まつしたやすお》総裁や佐々波委員長ら委員会メンバーが待っていた。後方には日銀や大蔵省のスタッフが控えている。

比較的早く不良債権処理に踏み出していたおかげで、住友信託は大手行では東京三菱に次いで資産内容が健全だと見られていた。そのためか審査での委員会側の対応は穏やかだった。佐々波委員長から形式的なことをいくつか質問され、松下総裁からも何か聞かれた記憶がある。聴取時間は一〇分か一五分くらいの短いものだった。

財務的に厳しいと言われていた銀行については、もう少し突っ込んだ質問を受けていたのかもしれない。

全審査が完了した後、大手銀行一八行と地方銀行三行の合計二一行に対し、総額一兆八〇〇〇億円の公的資金が注入されることになった。当社に対しても一〇〇〇億円の注入が認められた。

金融システム安定化法は、世間からの「銀行はどうなっているんだ」という疑念への一つの回答だった。評価はさまざまだが、私は「政府もいろいろな手を考えているのだ」というアナウンス効果で、一般の人たちの心を鎮める効果はあったと思う。

とはいえ内心では「資本注入の効果のほどは銀行によってだいぶ違うだろう。一〇〇〇億円では金額が不十分なところもある。焼け石に水のところもあるのではないか」とも思っていた。

就任直後の店部長会議で話したように「平静を取り戻すことを期待している」というのが、社長としての公式見解であり、「何もやらないよりはよかったが、トータルとしては不足している」というのが正直な感想だった。

私の予想通り、政府も銀行業界も、一度の公的資金注入だけで金融危機を乗り切ることはできなかった。

第二章

長銀の合併問題

それは長銀からの電話から始まった

長銀事務局から打診

一九九八年夏、日本経済最大のテーマとなったのは、日本長期信用銀行（長銀）の経営危機であった。きっかけはこの年の六月五日発売の「月刊現代」七月号に掲載された、『長銀破綻《はたん》』で戦慄の銀行淘汰《とうた》が始まる」という記事だった。長銀の不良債権隠しの手法を綿密に検証したこの記事により、長銀株は大きく下落。長銀は「月刊現代」の出版元である講談社を告訴するが、長銀株の下落は止まらず、六月一八日には、格付け会社ムーディーズが長銀の劣後債格付けをそれまでの「Ｂａ１」から「投機的水準」とされる「Ｂ１」まで、三段階引き下げた。

長銀では事態を乗り切るため、六月一九日、上原隆《うえはらたかし》副頭取が緊急会見を開き、「合併も含めて抜本策を検討する」と表明した。大手メディアは長銀の合併相手についての臆測記事を掲載、第一勧業銀行や大和銀行、日本債券信用銀行などの名前が挙がった。

そうした騒動の最中のことである。

長銀の企画担当者から当社の企画担当者を通じて「大野木《おおのぎ》（克信《かつのぶ》）頭取から高橋社長に電話して

いいだろうか」という打診があった。

話の内容はすぐに想像できた。合併の申し入れである。それ以外には考えられない。

合併の申し入れという大事を、電話を通じて行うなど、普通ならあり得ない。

だがこのときは大野木頭取がマスコミの関心の的になっており、少しでも動けば大騒ぎになりかねない状況だった。直接会うのは難しい。だから電話で話そうということになったのだろう。

長銀と住友信託銀行とはもともと関係も深く、お互いの経営陣も親しかった。

私も大野木頭取、それに鈴木《すずき》恒男《つねお》常務（当時。後に副頭取、頭取を歴任）とは定期的に食事をする親しい間柄だった。私は岩手県出身、鈴木氏は宮城県出身ということもあって仲良くなったのだ。大野木頭取は東京大学農学部農業経済学科卒業という異色のバンカーだった。

しかし、金融危機でお互い忙しくなり、電話までの一年ぐらいは交友が途絶えていた。私も忙しかったが、連日新聞で長銀の経営難について書かれていた大野木頭取は、もっと大変だったろう。

この時期、都市銀行や信託銀行も苦しくはあったけれども、長期信用銀行（長信銀）の場合はとくに深刻だった。資金調達を金融債で行う経営形態であるため、マーケットの評価が下落してしまうと、資金が調達できなくなってしまう。長銀の場合、一年ほど前から経営不振がうわさされており、資金の流出もあったようだ。公的資金投入やスイス銀行（SBC、後にスイス・ユニオン銀行と合併しUBSとなる）との提携話で一時は盛り返したものの、厳しい状況が続いていた。

悠長に食事などしている状況ではなかったに違いない。電話をしてもいいかとの打診を受けた私は「けっこうです」と、大野木頭取からの電話を受ける旨を伝えさせた。

長銀の経営にかかわることになれば、同社の不良債権問題に巻き込まれるリスクはある。その一方で合併によるメリットも大きい。

当社の金融再編戦略

当社はこの打診に先立つ六月一一日の経営会議で、金融再編戦略というテーマを取り上げている。

このときの議論では、「不良債権の最終処理の早期実施は国策であり、処理により各銀行の自己資本は毀損して、体力格差が明確になってくる。二一世紀に入ればペイオフ（一金融機関あたり一〇〇〇万円超の預金は保護しない）が実施され、各行の財務の信頼度が市場に試されることになる。金融界に再編のうねりが来るだろう」と近い将来の環境を想定した。

橋本龍太郎《はしもとりゅうたろう》内閣が進めた日本版金融ビッグバンはすでに進行中であり、金融界の市場化の下、不良債権最終処理の早期実施という圧力がかかれば、金融再編は不可避であると考えたのである。

その中で当社として、どのような再編の可能性があるのか。それを探ることが会議の目的であった。

経営会議の議論の中では、長銀を含むいくつかの銀行について、それぞれと合併する可能性を考え、取引先の重複度など、公表データに基づくシミュレーションをやっていた。

当社に関しては、人材と規模の面で、現状のままでは小粒だと考えるメンバーが多かった。単独行による人材養成や新規顧客の獲得は当然やっていくとしても、やはり世界の金融市場での存在感を増すためには、オーガニックグロース（単独の努力による成長）だけでは足りないのではないか。そういう危機意識が経営陣にあった。

まさにそういうとき、長銀からのアプローチがあったのだ。

数日前の合併シミュレーションの内容を、私はよく覚えていた。

当社の個人顧客は一三〇〇万世帯、長銀は五〇〇万世帯。長銀は富裕層が中心であり、重複していないという特色がある。法人営業基盤もそれほど重複しておらず、合併すれば顧客基盤は大きく強化される。富裕層の資産運用・管理を請け負うプライベートバンキング業務、大企業との大口取引を中心とする投資銀行業務を伸ばすことができる。

社員数は当社四八〇〇人と長銀三四〇〇人で、合わせると八二〇〇人体制になる。互いに気心も知れているし、欧米並みに能力主義を徹底すれば、経営効率化と人員増加を両立できるだろう。

私は「日本の銀行もグローバルに展開する時代が来た」と考えていたが、大手銀行の中でも長銀は国際化に必要な人材が豊富と見ていた。この点は後に振り返っても推察通りで、長銀を辞めた行員たちはその後、さまざまな国際的な場で活躍されている。

長銀の金融債も魅力的だった。われわれも固定金利物を扱っていたが、金融債のほうが知名度が高い。信託銀行の将来を考えると、現状の貸付信託だけでは足りないし、定期預金も限界がある。会議では出てこなかったメリットは、存続会社は住友信託、経営は私が指揮することで合意できそうな点だった。これまでの日本の銀行合併では、対等関係にこだわるあまり経営の責任や権限が明確にならず、相乗効果がなかなか発揮できないでいた。吸収合併という形であれば、その点もクリアすることができる。

長銀の不良債権問題の全容はわからなかったが、こうしたメリットを勘案すれば、合併の申し入れについて、少なくとも検討する価値はあると私は考えた。長い目で住友信託の成長を考えれば、優秀な人材や優良な顧客層を一気に増やすことができる大型合併の機会を見過ごしてしまうのは、成長機会を逸するリスクである。

そういう判断があったから、長銀側から「電話したい」と打診されたときにも、前向きに検討する方向に動いたのである。

合併のシミュレーションをしていたといっても、この日の電話以前に、こちらから長銀に合併を打診したことはない。

金融当局からの事前の打診もいっさいなかった。社内の関係者にも確認したが、「何もなかったと思う」と言っていた。当局も「長銀をなんとかしなくては」と考えてはいたものの、経営陣を差し置いて自分たちで合併を仕掛けることまではやれなかったのだろう。

この電話は、長銀との長年の友好関係があったからこそ巡ってきたチャンスと言えた。

もちろん私も、今回の話が当社にとって降って湧いたような幸運と思うほど楽観的ではなかった。マーケットで経営不振が話題となっている相手と合併となれば、こちらも難しい立場に置かれる。

最初に打診があったときから、そんなことは十分承知しているつもりだった。しかし、この件が政府や国会まで巻き込んでの、あれほどの大問題に発展しようとは、このときにはまだ想像できなかった。

大野木頭取からの電話

一九九八年六月二二日、月曜日の朝。

私は東京・丸の内本部にいつものように定時に出社した。朝九時、私が席につくと、測ったようなタイミングで長銀の大野木頭取から電話がかかってきた。

朝一番に電話してきた大野木頭取は、秘書から取り次がれた私が電話口に出ると、予想通り「住友信託との統合交渉をさせていただきたい」と切り出した。

声の調子などは普通だったが、実際には相当に切羽詰まっておられたと思う。

当時、長銀はいくつかの大手銀行にアプローチをしていたようだ。しかし正式発表に至った話はない。おそらく玄関払いされたり、けんもほろろの対応をされたりで、交渉のテーブルに就くことすらできなかったのだろう。そんな中で住友信託だけが、少なくとも玄関払いはしなかったということだ。私も予想していたことであり、「検討を開始します」とお返事した。

このときの大野木頭取からの電話には、もう一つ重要な内容が含まれていた。話の中に「スキームについては当局の支援もあるので」という言葉が出てきたのである。

通常の合併交渉なら、この段階で監督官庁に報告することはあり得ない。お互い秘密保持契約を結んだ上で交渉を行うのが常識で、監督官庁といえども情報は漏らせない。

だが大野木頭取はすでに役所に行き、実際に交渉に入る前から当局と相談している気配だった。公的資金という言葉こそ出ていないが、「支援のスキーム」というからには、おそらく、すでに役所に「住友信託銀行と合併したい」と告げて、「全面的に支援する」という回答を得ていたのだろう。

それは、長銀がすでに当局の支援がなければ経営が成り立たない状況に追い込まれていることを示唆している。長銀が債務超過状態となれば、当社としても、当局の財政的な措置なしで合併を進めることは不可能である。

長銀の経営が政治問題となっていることは私も感じていたが、このときの大野木頭取からの電話を聞いて「やはりこの件は、単なる民間の商業ベースでの話ではなかったのだな」と感じた。

大蔵省田波次官との面談

大野木頭取との電話を終えた私は、業務部を通じて、すぐに大蔵省（現財務省）の田波耕治《たなみこうじ》事務次官に「会っていただけませんか」と申し入れた。

当局の意向を確認しておかねばならなかったからだ。

大蔵省側からは「銀行局長がお会いします」と返事をしてきたが、「田波次官で」と指名し、受け入れていただいた。

大野木頭取の口ぶりから見て、当社の経営を危険にさらすことなく長銀と経営を統合するためには、公的資金の投入が不可欠となるだろう。そうなると財政を巻き込まざるを得なくなる。その場合、金融部門の事務方トップである銀行局長では話は完結しない。大蔵省本体のトップと話をしておかねばならない。役所の社長は、局長でも大臣でもなく、次官なのである。

田波次官からは折り返し、「本日午後一時に次官室でお会いする」と返事が来た。

この日、九八年六月二二日は、実は大蔵省にとっても大変な一日だった。

民間金融機関による大蔵官僚接待への批判、「金融行政と政府の財政を一つの官庁で扱うことは、権力の過度の集中と、財政規律の緩みにつながる」という世論を受けて、大蔵省が分割され、新たに総理府（現内閣府）の外局として金融監督庁（現金融庁）がつくられることになった。

橋本内閣の省庁再編に先立ち、大蔵省は財政部門を担当する本体と、金融部門を担当する金融監督庁に分離されたのだ。

六月二二日は、これまで明治以来、日本の財政と金融をつかさどり、省庁の中の省庁と言われてきた大蔵省が分割された、まさにその日だったのである。

かつて民間金融機関に対して絶対的な権力をふるっていた大蔵省に替わり、以後は金融監督庁が金融行政をつかさどることになった。

私が時間通りに大蔵省の次官室を訪ねると、そこには銀行局出身の幹部、窪野《くぼの》鎮治《しずはる》氏と内藤《ないとう》純一《じゅんいち》氏の二人がいた。この日から発足した金融企画局の伏屋《ふしや》和彦《かずひこ》局長や、前日まで銀行局長だった山口公生《やまぐちきみお》氏はいなかった。口火を切ったのは田波次官である。

「長銀との合併を早急に検討いただきたい。金融監督庁とも緊密に連絡をとっていくので、よろしくご協力いただきたい」

大野木頭取との電話の直後だったが、私の予想通り、電話の内容は当局に筒抜けになっていたわけである。それにしても性急な話だ。こちらはまだ電話で先方から打診を受けただけで、そのときから三時間しかたっていない。

この会談で私から申し上げた内容は、主に四点である。

第一に、「長銀の経営内容や、当局による支援スキームもあまり承知していないので、これから検討に入る話です」ということ。

第二に、「本件は、マーケットから前向きに評価される内容ではない限り、受けられないと思っています」ということ。これはその後も何回となく口にすることになる。

第三に、「おそらくこの件については、公的資金投入となる可能性が大きいと考えます。その場合、民間の経営の自主性をそぐ形にならないようお願いしたい」ということ。

第四に、「住友信託銀行として長銀との経営統合の検討はしますが、排他的な話とは思っておりません。長銀として、ほかにいい話があればどうぞご検討ください」ということ。

こちらはまだ合併したいとは言ってはいない。ノンエクスクルーシブだ（排他的ではない）という宣言をしたわけである。

箝口令の徹底

その日の夜、午後五時から経営会議を招集し、初めてこの件について追認を受けることになった。当たり前の話だが、他行との経営の統合となれば、社長の一存で決められる問題ではない。当局の意向も確認した上でないと経営会議にもかけられないので、このタイミングとなったのは仕方がなかった。

経営会議の承認を得ていないという意味では、最初の大野木頭取との電話でも、社長として私が答えられる範囲は限られていたのだが、まあ「検討に着手します」ぐらいは言っても許されるだろうという判断だった。

経営会議では、私が電話で述べた通り「検討に着手する」というスタンスでいいだろうという結論になった。

「マーケットがどういう反応を示すか、要注意だ」という指摘もあった。私自身もそう考えていたので、事を慎重に運ぶために「今日現在、この件は誰が知っている」と厳密にカウントし、箝口令《かんこうれい》を敷いて機密を守ることを申し合わせた。

この問題に関してはこの日の夜に続き、三日後の二五日木曜日の夕方にも経営会議を開いている。いずれも状況報告と討議という内容だった。

大野木頭取からの電話の翌日、六月二三日には、長銀との間で合併検討の秘密保持契約を結んだ。

これ以後、両社は水面下で経営データを交換しあう事務作業に入った。

普通だったら打診を受けてから一週間ぐらいは、何も動かないうちに過ぎているところだが、当社としても、慎重になる一方でかなり急いで作業を進めたということだ。

守秘義務違反のリーク

株主総会終了後のテレビ報道

六月二六日、私は株主総会のために大阪に向かった。

総会は午前中で終わったが、当社では総会の後のタイミングで臨時取締役会を開き、新しい役員の担当などを決めるのが通例となっている。

この日も午後に経営会議を行う予定になっており、主要役員は全員が大阪にとどまっていた。みなで昼食をとっていると、その場で広報部長から、「合併の件がTBSに漏れている。三時のニュースで流す模様だ」という報告があった。

昼食をとり終わったころ、日本銀行の速水優《はやみまさる》総裁から電話がかかってきた。

内容は長銀との合併交渉の件である。

「長銀の件は早くやらないと大変なことになる。日銀としては全面的に支援する。さまざまな調整の労もとる。損な話じゃない」と言う。

そして「今週あなたがはっきりしてくれないと、来週には大騒ぎになる」と付け加えた。

どういうルートでその情報をつかんだかは聞かなかったが、TBSの件といい、急いで締結した秘密保持契約は、どうやらまったく守られていないようだった。

速水総裁としては「合併するとはっきり言え」と言いたかったようだ。

といっても「調整の労をとる」ということは、語るに落ちるというか、問題を自ら主導するようなポジションをとるつもりはないということであろう。

私としては、「長銀の件は、これから検討する話です」と言うほかはなかった。

速水総裁からはこの後も何度も電話がかかってくることになるのだが、いつも言うことはまったく同じで「早くやらないと大変なことになる」だった。

日本発の世界金融恐慌にしたくない

そのうち、これに「日本発の世界金融恐慌にしたくない」という言葉も加わった。このフレーズはその後、金融国会で小渕恵三《おぶちけいぞう》首相が使って話題になったが、最初に考えたのは速水総裁ではなかっただろうか。

速水総裁からの電話に続き、経営会議の最中の午後二時ごろ、今度は発足後一週間もたっていない金融監督庁の日野正晴《ひのまさはる》長官から電話がかかってきた。

「長銀の件は、プライベートバンキングなどでシナジー（相乗効果）が期待できると思う。ぜひ前向きに進めてほしい」

「時間の問題がある。経営会議を開くと聞いているが、会議で役員に伝えてほしい。金融監督庁は大蔵省、日銀と連携して強力な支援を行う。お約束する」

それが日野長官の話の内容だった。

確かに経営会議はもともと開く予定ではあったけれども、いったい誰からそんな内部の話を聞き出したのだろうか。政府や日銀が、日本の金融システムの混乱、その世界経済への波及を心配していることは、私にもよくわかった。

だが「そんなことを言われても」というのが正直な感想だった。私は一民間銀行の経営者であって、従業員と株主に対して責任を負う立場である。世界金融恐慌を止める立場にはない。

ともあれ日野長官の電話を受け、その場を急遽《きゅうきょ》、臨時経営会議として「合併検討の開始」を承認した。この臨時経営会議で初めて、住友信託銀行として「長銀との合併検討開始」を正式に決めたわけである。

そこまで決めて午後三時のＴＢＳのニュースを全員で見ていると、広報部長からの報告の通り、最初のニュースで「住信と長銀が合併交渉に入った」という報道があった。

大阪の住友信託のビルの写真まで付いていた。ＮＨＫのニュースは私は見ていないが、そちらでも放送したという話だった。

当社サイドでは箝口令を敷いて一言も話していないのに、いったい誰が、契約で守秘義務があるはずの情報を役所やマスメディアに流したのだろうか。

普通ならそれだけで信頼関係は失われ、合併交渉は白紙に戻ってしまうところである。

長銀側には、もはやそんなことを考える余裕もないほど、切迫した事情があったのだろう。

こうなっては仕方ない。ニュースが流れてしまうと、それまで誰にも言っていない話なので、当社に関係の深い人であればまず「報道は本当か」という疑問が湧くだろう。

この報道後、すぐに「長銀との合併の検討を始めることは決定したが、現時点で報告できるものはない」という対外公表を行った。

また、本社を大阪に置いている住友信託の大株主は住友系であり、幸いなことに当時はほぼ、大阪にいた。

そこで私と村上仁志《むらかみひとし》会長とで、行ける先にはすべて行き、行けないところには電話で、「TBSでこういう報道がありました。検討開始は事実ですが、交渉の結果、白紙となることもあり得ます」と申し上げて回った。

大株主への説明で「白紙もあり得る」と言ったのは、そう言わないと「合併を決めた」と間違って受け取られかねないためだ。

こういうとき「検討に着手したのは事実だが、必ずしもこのまま合併するというわけではない」といった言い方では、言葉が弱い。「合併するらしい」というニュアンスで伝わってしまうと、株主をミスリードすることになってしまう。そこで、あえて強い言葉を使い、「現時点で合併するとは決めていない」ことを伝えたのである。

しばらくすると、そのときわれわれがいた新住友ビルの南館に、大阪の記者クラブ所属の記者たちが殺到しているという情報が伝えられた。

これでは取締役全員が外に出られない。

このままメディアが小出しの情報しか持っていない状態を続けると、事態が混乱してしまう。私自身、どう対処するか整理する時間も欲しかったので、「長銀との合併問題については、東京・日本橋本石町の日銀記者クラブで午後九時から会見する」と発表させた。

新幹線車中で記者会見の準備

午後九時までは、それから四、五時間しかなかった。

私たちは東京に向かう新幹線の中で記者会見の準備をすることにした。

実は帰りの新幹線に乗るときになっても、若手の広報担当者は合併の話についてはまったく知らなかった。

TBSの報道は見ていなかったのだろう。こちらがそのための準備をしているというのに、担当者は、自分が何のために新幹線に乗っているのか知らなかったのだ。そのうち名古屋を過ぎたあたりで、新幹線車内の電光掲示板にそのニュースがテロップで流れ、彼はそれを見て「あっ」と驚いていた。

広報部であっても、この件は部長一人しか知らなかったのだ。それぐらい、住友信託内部では秘密はかたく守られていたのである。

私は驚いている広報担当の姿を見て、「報道は当社以外のルートからのリークだ」と確信した。長銀のほかは大蔵省、日銀、あるいは話を伝え聞いた国会議員ぐらいしか考えられない。長銀がテレビ局に教えるとは思えないから、情報源は永田町か霞が関に違いないと思った。

おそらく何か意図があって、ＴＢＳを使ってリークさせたのだろう。

日野長官と速水総裁の電話も、ＴＢＳから報道があることを前提としたものだったのかもしれない。当社の株主総会を混乱させたらまずいと思い、それが済むまでは待たせていたのだろう。

長銀と別々に会見

六月二六日金曜日の記者会見での発表は、住友信託と長銀とが別々に行うことになった。会見の後で「合併の当事者が別々に会見するのは異例だ」とあちこちで言われたが、私に言わせれば当たり前の話である。

一緒にやると、握手などさせられて、まるでもう決まった話のように報道されかねない。実際には検討に着手したばかりで、まだ何も決まっていない段階だったのだ。

そもそも通常であれば合併の発表というものは、当事者同士が基本的に合意してから行うものだ。

このときはまだ何ら合意していないうちに、意図的であったか偶然であったかは別として、明らかに守秘義務違反のリークにより、記者会見せざるを得ない立場に追い込まれたのだった。まだ統合することは決めていないので、それぞれが記者クラブに会見の予約をしたというだけである。

会見は午後九時が住友信託で一〇時から長銀だったと記憶している。

私は予定時間より早く大阪から東京に着いてしまったので、日銀と三井本館の間の道に止めた車の中で待っていた。

会見場に直行しなかったのは、以前に広報の専門家から受けた指導を守ったためである。

私は「会見のときには絶対に先に行って待つな」という指導を受けていた。それは「会見前だから」と気を抜いているとき、緩んだ表情や組んだ足などを写真に撮られ、それを記事の中で使われて、読者に「真剣さが足りない」という印象を与えてしまうことがあるからだ。

暗い車の中であれば、外からは誰だかわからないので、撮影される恐れはない。

車の中で待っている間、社員が様子を見に行った。戻ってきて「大変な人数だ」と言う。実際に会見場に行ってみると、「どこにこんなに人がいたのか」と思うぐらいの報道陣の数だった。記者とカメラマンを合わせて一〇〇人はいただろう。記者たちが何列も段になっていて、前のほうの人は中腰になったり、後ろは立っていたり、後にも先にも、これほど記者の数の多い会見は経験したことがない。

この会見では本来「現在、検討中である」旨だけを述べる予定だったのだが、一通り話し終えるといろいろな質問が飛んできて、結局、記者会見の席でわれわれとしての合併の条件を話すことになってしまった。

この日の記者会見における私の一問一答は、次のようなものである。

当社の記者会見

――これまでの経過は。

「今週月曜日に、（長銀頭取の）大野木氏から電話があった。金融監督庁長官や日銀総裁からも、合併を前向きに支持するという話をちょうだいし、大蔵省からも公的資金を含めて支援するとの話があった。本日の臨時経営会議で合併の検討に着手すると決めた」

――合併のスケジュールや合併比率は。

「一年以内が常識だ。合併比率は当局（金融監督庁）に長銀の資産内容をチェックしていただいて決定する」

――長銀を吸収合併するのか。

「法的な問題は詰めていないが、新銀行の商号については、『住友信託銀行』しか頭にない。存続銀行も住友信託銀行になると思う」

——合併のメリットは。

「長銀とは以前から親密な関係があり、業務も信託、金融債と補完関係にある。（合併で）世界的なプレーヤーをめざすのか、国内で運用の専門家になるのか岐路に立ったと思う。お互いの強みを最大限に発揮すれば、世界の有力金融機関と伍《ご》していく条件を整えることができる」

——公的資金の導入を期待しているのか。

「われわれは（長銀の）正常債権のみを引き受ける形での合併を考えており、回収できない懸念がある債権は引き取らない。日本の金融システムの安定が世界から注目されており、政治、行政は問題を処理する能力があると考えている」

——経営不振に陥っている長銀の関連会社はどうするのか。

「長銀の責任できれいにしていただく」

以上は新聞に掲載された内容である。

このうち「正常債権のみ」という発言について「正常と非正常の分類はどうなっているのか」と聞かれたので、「それはまだ決まっていない」と答えたのだが、報道ではそれが「二分類債権は引き取らない」という言い方で伝えられ、「住友信託は『いいとこ取り』をしようとしている」と批判される結果になった。

また質問中に「経営不振に陥っている長銀の関連会社」とあるが、当時、長銀には日本リース、エヌイーディーといった関連会社があり、それらが長銀本体から不良債権を購入するという形で、いわゆる「不良債権飛ばし」の受け皿となっていることが、週刊誌報道などによって知られていた。ここでは、それらについては合併前に、長銀が責任を持って処分してほしいという希望を述べたものである。

長銀の記者会見

一方、長銀の大野木頭取の一問一答は以下のようなものだった。

――株価の低下や経営不振を打開するための合併なのか。

「長銀の収益力や財務内容を冷静に判断してもらえれば、あの株価はあり得ない。市場の誤解を解くには、長期的な政策をはっきりと打ち出すのが最善の策と考えた」

――救済合併なのか。

「これは通常の合併だ。ただ、新銀行は長期信用銀行ではなく信託兼営の都市銀行であり、（長銀という）名前にはこだわっていない。また、われわれは業種転換するので、新銀行の最高経営責任者は住友信託から出すと考えている」

――不良債権処理は自力でできるのか。

「これまで徹底的な合理化や収益力の向上で対応してきたが、必要があれば合併後に公的資金による資本注入も考えている」

――頭取の責任は。

「(株価急落によって) 株主や取引先に心配をかけた。結果としての責任を感じており、これを回避するつもりはない」

――合併後、長銀の行員の扱いは。

「活躍の場がこれまでより大きくなる。それを活用して、どんどん伸びてほしい」

――スイス銀行との提携はどうなるのか。

「そのままの形で続ける、とは決まっていない。新銀行とスイス銀行が、お互いに協力できる部分で協力するということだ」

――ほかの銀行には合併を申し込んだのか。

「それはない」


この記者会見の後、政府からはただちに「歓迎する」という談話が出た。

当社と長銀の合併計画について、保岡興治《やすおかおきはる》自民党金融再生トータルプラン推進特別調査会会長は

「破綻処理ではない。普通の合併だから、整理回収銀行に回すとか引き受けることにはならない」と述べている。その後、政治の世界では、長銀の不良債権を整理回収銀行や受け皿銀行の対象にするのかが議論になった。

私はその翌日の読売新聞とのインタビューで、「平時ならまじめに仕事をしていればいいが、今はそれだけでは踏みにじられてしまう戦国時代だ。いつかは跳ばなければならないと思っていた」と、合併検討に臨んだ心境を吐露し、九月をめどに合併の基本合意をめざす方針を明らかにした。

波紋を呼んだ「健全債権のみ」

取材の場で私は、正常債権とそれ以外の区分については、「債権の線引きは金融監督庁による査定が基準になる。自己査定を基準にすると議論が紛糾するケースが多いからだ」とし、長銀の不良債権を整理回収銀行へ移したり、受け皿銀行へ譲渡したりといった形で合併前にクリーンにしておくことについては、「それは長銀のほうから必要なら（政府に）お願いする話だ。そこをきちんと処理していただきたい。いい知恵を出してくれると思っている」と述べた。

健全債権だけを引き取る考えは変わらなかった。長銀の不良資産を引き取り、重荷を背負った状態では新銀行はスムーズに発進できない。新銀行が継承するのは、第一分類債権（正常債権）と、限りなく第一分類に近いイメージのものだけになる。そのためにも金融監督庁の資産査定の結果を早く知りたかった。

週末を挟んで六月二九日の月曜日、朝一番で、また速水総裁から電話が入った。「住友信託の英断にお礼を申し上げる。一〇カ国の中央銀行総裁に英文で総裁談話を流した。グリーンスパン（当時の米連邦準備制度理事会議長）から電話が入る予定だ」という。

速水総裁としては、両社による「合併検討中」の記者会見により、「住友信託はもはや引くことができなくなった。退路を断った」と思われたのかもしれない。自らの電話で、それを念押ししたつもりだったのだろう。

私は退路を塞がれたつもりはまったくなかった。

リークについては憤慨していたが、その一方では「これはいい機会だな」とも考えていた。合併交渉では「こちらがどんな条件で交渉に臨むのか」といったことは、普通は言わない。当事者同士で相手の様子を見極めながら進める話である。

ところがこの件では、記者会見により、こちら側の条件を当事者である長銀はもちろん、外部に対しても明らかにすることになってしまった。口にした以上は、マーケットの信頼を失わないためにも、その条件は守らなくてはならない。

その意味では政府・日銀の思惑通り退路を断ったということになるかもしれないが、一方では政治が介入していることが内外に明らかになったので、通常の合併交渉ならあり得る当事者限りの秘密事項などの余地が、なくなったのである。

私はこの件については、こちらの条件も交渉の過程もすべてオープンにして、お互いに透明性をもって処理するしかない状態に持っていこうと考えた。

そのため「透明性」というポイントには、その後もこだわった。また、不要な誤解を防ぐため、私はこの件では個別に記者にはいっさい会わないことにした。個別の談話は役員に任せ、トップである私は公式の会見でだけ説明する方針を決めた。

長銀を助けてやってくれ

金融監督庁、長銀に緊急検査

七月初めの参議院選挙で自民党は多くの議席を失い、一三日には橋本総裁が辞任した。跡を継いだのは小渕恵三《おぶちけいぞう》内閣である。

七月二日、私は社内に合併検討委員会を発足させた。

私が委員長を務め、メンバーは企画部長、業務部長、管理部長など五名。このメンバーで長銀の資産査定を始めた。

七月に入り、長銀から資料提供があり、不良債権のさまざまな処理策、関連会社の処理策について説明があった。長銀には当社と共通の取引先もあり、われわれとしてはその段階で、長銀の資産の内容をかなりくわしく見させてもらった。

長銀には申し訳ないが、私が事前に予想していたより経営状況は悪かった。

その時点では債務超過とまでは確信できなかったが、「かなり厳しいラインにいるな」という印象を持ったことは事実である。

長銀は経営に多くの問題を抱えており、子会社である日本リースの不良債権の状態など、調査すべき点は大量にあった。当社側の事務局は精力的に働いてくれていた。

経営危機がうわさされる長銀との合併交渉開始という経営陣の決断に対して、社内にはもちろん反対意見もあった。ただ反対一色というわけではなかった。どちらかと言えば仕事ができる人ほど、そして若い人ほど賛成意見が多かった。ありがたいことに激励の手紙をくれる社員もいた。

長銀から提供された資料をベースに社内で調査を進めるうち、七月八日、「金融監督庁が長銀検査に着手する」という発表があった。

七月一三日、金融監督庁は長銀に対する緊急検査を開始した。

社内で話し合い、「金融監督庁による検査の結果をふまえ、最後は第三者の監査も入れて、デューデリジェンス（資産査定）をやるべきだ」という結論に達した。この方針にのっとり、七月一六日、会計事務所のアーサー・アンダーセンと岩田合同法律事務所に長銀に対するデューデリジェンスを依頼し、翌一七日、正式に契約を交わした。

同じ一七日には、長銀の大野木頭取が当社を訪れている。

これは私の記憶だが、そのとき大野木頭取は、「七〇〇〇億円償却するとして、ぎりぎり資本が残った形で合併できる」と、おっしゃっていたと思う。

当時の長銀の自己資本は九〇〇〇億円であり、不良債権の処理に七〇〇〇億円は必要になるが、合併にぎりぎりの線は確保できる、大丈夫だというのである。

その一方で「きのう宮澤喜一《みやざわきいち》大蔵大臣に会った」という話もされていた。

私としては「ああ、これは公的資金のことを言っているのだな」と思った。

自力で大丈夫という言葉も終わらないうちに、当局の支援をほのめかすのは、いささか言動が矛盾している。

私は「いま事務局に調査をさせています。これについては継続してやらせてください」と申し上げた。

当社が事務的な検討を進める一方で、七月下旬に入ると、政府からの圧力が激しくなってきた。

ひっ迫する資金繰り

このころには長銀の経営に対する不安から、満期を迎えた長銀の金融債を継続する人の割合は半分以下に下がり、月に二〇〇〇億~三〇〇〇億円の資金が流出するようになっていた。かろうじて日銀が買い支えてはいたが、このままいけば資金繰りがつかなくなり、長銀が経営破綻するのは確実だった。

私は七月二二日に大蔵省の田波次官、二三日には日銀の速水総裁とお会いしている。田波次官との会談の場所は、三田共用会議所など、役所以外の場所が多かった。大蔵省の記者たちの張り込みがきつかったのだろう。当時は、次官室と記者クラブの場所が近かった。田波次官は会うたびに「早く合併を決めてほしい」と繰り返していた。

この件では金融監督庁の日野長官とも話していた。金融監督庁は個別の銀行行政を担当し、金融秩序の所管はまだ大蔵省ということになっていたから、どちらも無関係ではない。

だが日野長官と田波次官とは、二人が並んだ状態でお会いしたことは一回もない。いつも別々にお会いしていた。財金分離のために省庁を改変したわけだから、行動を同じくしてはまずいということもあったろうし、微妙な見解の相違があったのだろう。

当時、金融監督庁で銀行検査を行っていたグループは、検査を厳格に行い、債務超過の場合は営業を停止させるという、ハードランディング(強行着陸)路線を志向していた。一方の大蔵省は、「ハードランディングは認められない。混乱を防ぐことが第一だ」という立場で、官庁間で見解の不一致があったようだ。

金融監督庁としては自らの基準を曲げてしまうと、自分たちのレーゾンデートル（存在価値）にかかわってくるという思いがあり、大蔵省と一緒になって、住友信託銀行をあくまで長銀と合併させる方向で押し切るということには、疑問を持っていたのかもしれない。

ただその当時はまだ、大蔵省が国家の中枢にあるという旧来の図式は崩れておらず、役所の力学として大蔵省がこの件を主導していたようだ。私に伝わってくるのは、「なんとか長銀を助けてやってくれ」という声ばかりだった。

そうやって当社に合併を促す一方で、「政府として、すでに投入してある公的資金を毀損させることは認められない」という立場は譲ろうとしない。

長銀にはこの時点で、佐々波委員会による査定を経て投入された公的資金が一七六六億円あった。当局としては、

「健全行のみに投入するという法律に従って出した資金である以上、経営の問題によりその資金を毀損することはできない。ゆえに長銀の自己資本は一七六六億円を切ってはならない。まして、どんなことがあっても債務超過など認められない」

というスタンスだったのだ。長銀に入った公的資金が毀損すれば、政府の責任が問われる。野党が金融問題で批判を強めていることもあって、当局もデリケートになっていた。

七月二三日に大野木頭取から電話があり、

「資本については首の皮一枚でつながっている。住友信託銀行の言うことはすべて受け入れるから、早く合併を決めてほしい」

「自分としてはさらに公的資金七〇〇〇億～八〇〇〇億円が投入してもらえるものと考えている。それについて、前向きな感触はもらっている。経営責任は自分がとる」

といった内容のことをおっしゃっていた。

大野木頭取の話から想像すると、大蔵省と長銀の間には、「九〇〇〇億円の資本金のうち七〇〇〇億円を不良債権の償却に充て、二〇〇〇億円を残して、投入を受けた公的資金については毀損させない。その上で住友信託銀行と合併する。償却しきれなかった不良債権については、合併後に公的資金を追加投入し、それを使って処理する」という線が、着地点としてあったのかもしれない。

しかし合併後に公的資金を受け入れれば、それはすべて新銀行の負担となってしまう。当社としては到底、受け入れられない提案だった。長銀の負債はすべて、合併前に処理してもらわなければならない。

野党からの事情聴取

同じ七月二三日、思いがけない人からも長銀合併問題についての説明を求められた。後に総理大臣になる野党・民主党の代表だった菅直人《かんなおと》議員である。

私は当時、個別の面談はいっさい応じていなかったので、住友信託からは岡本好央《おかもとよしお》専務ら二人が説明にうかがった。

菅議員としては、七月三〇日に始まる臨時国会を前に長銀問題の現状を把握しておこうという考えだったようだ。岡本専務らの説明を熱心に聞いておられたという。長銀にも会談を申し入れたが、断られたという話だった。長銀にしてみれば、野党に言うようなことではない、というよりは、時間がないということだったと思う。

私たちは合併検討にあたって「正常債権しか受け入れない」という条件を出していたが、菅議員と同席した池田元久《いけだもとひさ》衆院議員（当時）は、

「長銀は本当は破綻しているのではないか。そこに公的資金を投入して身ぎれいにして住友信託銀行に渡すとなると、不良債権の処理を公的資金でやることになる。それではモラルハザード（倫理の欠如）になるのではないか」

という考えだったようだ。

こちらからは「長銀の財務状況については、金融監督庁の結果を待って判断します」としか答えられなかった。

菅議員はまた、「自民党が国会に提出しているブリッジバンク法案が、いま一つ飲み込めない」

という話をされていたという。

この時点で政府からは経営危機に陥った銀行の処理のために、継承銀行（ブリッジバンク）を設立して、破綻銀行から資産・負債を引き継ぐという方式が提唱されていた。

ブリッジバンクは、破綻した銀行が資産や負債の譲渡先を探している間に、預金が流出してしまう事態を防止する手段として、米国で考え出された方式である。

破綻銀行が現に存在しなくても、予備的に設立することができる。日本ではその後、二〇〇二年に初のブリッジバンクとして日本承継銀行が設立されている。

菅議員は「自分としてはブリッジバンク法案にやみくもに反対するつもりはない」と言いつつ、自民党案のブリッジバンク方式では株主責任を問えない点を問題視していた。むしろ「危ない銀行は国が接収すべきだ」という考え方だった。あるいはブリッジバンク法案に反対するにあたって、住友信託銀行が持っていた長銀の経営についての情報を確認しておきたかったのかもしれない。

金融国会始まる

七月三〇日、後に「金融国会」と呼ばれることになる臨時国会が召集された。

この国会の会期中の八月上旬、政府・自民党はブリッジバンク方式を柱とする金融再生法案を国会に提出した。

このころになると、田波次官からの要請はますます熱を帯びてきた。

八月三日には田波次官が、四日には速水総裁が、会いたいと言ってきた。

田波次官が会いたいという趣旨は、「長銀にリストラ（事業の再構築）案を発表させる。当局からも、資本注入などの支援に前向きな発言をするので、住友信託銀行としても、合併を前向きに進めるというコメントを出してほしい。大野木頭取はあらゆる条件をのむと言っているので、大所高所からよろしく」ということだった。

私は電話で「まだ検討開始から一カ月しかたっていません。金融監督庁による検査を経て資産を確定し、その上で合併を発表するというのが、世間からも評価されるフレームワーク（枠組み）だと思っております」と返事をした。

電話のあった時点で、当社の取締役会は「合併の検討を継続する」という決議をして、それをリリース（報道資料）の形で発表もしている。その上、何をしろというのか、よくわからなかった。

このリリースに対しては格付け機関が、「正常債権以外も引き受けるというなら、格付けを引き下げる」と言ってきていた。当社からは、「あくまでデューデリジェンス（資産査定）を経て、正常債権だけを引き取るというのが取締役会で決議した条件である」と回答している。

予想外だったのは、長銀株に引きずられるようにして、当社の株価もみるみる下がっていったことだ。「長銀からは正常債権しか引き受けない」と繰り返し説明しているのだが、市場はそれを信用していない。われわれが政府に押し切られ、不良債権を背負わされるほうに賭けて、先物市場で売りのポジションをとっている投資家が多かったのだ。

八月四日には当社の法務部長より取締役会に、合併に関しての法的見解が文書の形で提出されている。調査を委任したアーサー・アンダーセンなどによるもので「合併の是非決定の前提としては、当社による長銀資産査定、取締役会のデューデリジェンスの履行を欠くわけにはいかない」となっていた。これを履行せずに合併を決定することは取締役会としての善管注意義務違反になるという。

要するに、デューデリジェンスの手続きを済ませずに、合併の決議はできないということだ。

このような状況で、私の口から現時点での無条件な合併を対外的にアナウンスするなど、到底できることではなかった。

八月になると田波次官、日野長官、速水総裁から、入れ代わり立ち代わり、毎日のように電話がかかってきて、「早く合併を決めろ」と催促された。当局としては、「なんでもいいからとにかく、急いでやってくれ」ということのようだった。

私としては、そういうわけにはいかない。「無条件で合併すると言うためには、取締役会で決議し直す必要があります」というようなやり取りをした。

大蔵省からは、国際局の中井省《なかいせい》次長も話を聞きたいと言ってきたので、八月五日に、当社の岡本専務が説明に行っている。そこでも「ぜひ合併を進めてほしい」という話だったようだ。

岡本専務が「次官も総裁も『早く合併を宣言してくれ』の一点張りだ。長銀の実態をご存じないのではないか」と言うと、中井次長は、

「いや、そんなことない。知っているはずだ。カネは出すから、合併の発表をしてくれ、ということだろう」

「宮澤大臣は、絶対に長銀を潰してはならないと思い込んでいる」

と言っていたという。

その言い方から、宮澤蔵相がこの問題について、強い執念を持っていることが想像できた。

長銀最後の頭取となった鈴木恒男氏の回顧録である『巨大銀行の消滅―長銀「最後の頭取」一〇年目の証言』（東洋経済新報社）でも、「（長銀は）歴代の経営陣が旧宏池会系の政治家に親近感を持っていた。特に杉浦《すぎうら》（敏介《びんすけ》元頭取）氏と宮沢氏とは親しい関係にあった」という記述がある。おそらくそういったことも関係していたのだろう。

野中官房長官から自宅に電話

八月一二日には、野中広務《のなかひろむ》官房長官から電話がかかってきた。

私は、大変な時期ではあったが、少しでも英気を養おうと、夏休みをとって自宅にいた。

昼過ぎ、野中長官から突然「休み中にすみません」と電話があった、私が夏休み中であることを

誰かから聞いて、それを承知の上で電話してきたようだ。

話の内容は「合併を進めてくれ」ということだった。

「合併のアナウンスの検討をぜひお願いしたい。慎重な住友信託の考えはわかるが、金融システム安定の観点から、合併後に弾力的に処理していく道を模索してもらえないだろうか」

国会の審議状況からして、合併前に公的資金で不良債権を処理するスキームは通りそうもない。今の法律では経営破綻前の予防的な資本注入はできない。だから合併前に公的資金を使って長銀の不良債権をきれいにして引き渡すことはできない。合併後に公的資金を入れて支援するから、ここは目をつむってまず合併してくれ——。

野中長官の話を意訳すると、そういう趣旨になるだろう。

私は経営者として、そんな要請に従うわけにはいかない。前述した通り、合併後に公的資金をもらっても、それは新銀行の借金になってしまう。

私は「私としては、合併はぜひ成就させたいのですが、民間では乗り越えられない矩《のり》があります。マスコミや格付け機関などの衆人環視の中で検討しており、経営の手続き、ルールを逸脱した方法はとれません」と申し上げた。

なんとかアナウンスを出してほしいという話については、なにしろ官房長官ともあろう方からの電話なので、「検討します」とはお答えした。

ただ当時、野中長官は金融行政の担当大臣ではなかった。そこで私は「正式な回答は日野長官にします」と申し上げたのだが、それに対しては「そうしてください」ということだった。

野中長官の口調には威圧的な感じはしなかった。どちらかと言えば、淡々とした話しぶりだった。

野中長官は後にご自身の証言録『野中広務　権力の興亡』（朝日新聞社）の中で、このやりとりについて述べている。それによると当時から「役所の言っていることは無理筋だ」と思っておられたようだ。

なお、この本の中では長銀の件で私が単独でお会いしたことになっているのだが、実際にはこの件で個人的にお会いしたことはない。

また同じ著書の中で、宮澤蔵相、小渕首相とともに公邸で私と会談を行った際、初めて合併スキームについて知らされたと書かれているが、私の感触では、すでに電話の時点で長銀問題をきちんと把握しておられたと思う。

回答を約束した日野長官に対しては、その日のうちに電話し、「いろいろ検討したけれども、やはり難しい。野中長官にそうお伝えください」と申し上げた。

第三章

公邸会談の真相

迫られる「合併宣言」

公的資金の毀損認めず

一九九八年八月一二日、野中広務《のなかひろむ》官房長官の要請をお断りした後、改めて日野正晴《ひのまさはる》長官から「翌日会いたい」というお話があった。

そこで翌八月一三日朝、日野長官と会談したのだが、その際、新たな提案をいただいた。

「小渕《おぶち》（恵三《けいぞう》）総理、宮澤《みやざわ》（喜一《きいち》）蔵相、野中官房長官と審議した結果、長銀への公的資金の事前注入をいたします。ただし、不良債権処理には充てられません」

それまで当局は一貫して「合併前の新たな公的資金注入は認められない」という立場だった。その方針を転換したということで、その意味では大きな前進である。

しかし日本長期信用銀行（長銀）に公的資金注入をしても、不良債権処理に使えなければ意味がない。公的資金がそのまま新銀行に引き継がれるのでは、新銀行が政府に対して負債を背負う形になってしまう。

「注入された公的資金はあくまで、過小資本になった資本の増強に充てられるものです。現行制度では、いかなる不良債権処理にも充てられません」

「公的資金の毀損は許されません。公的資金の優先株が毀損しないように比率を決めていただきたい」

これらの点については、従来通りの説明が繰り返されるだけだった。

日野長官はこのとき、

「監督庁検査では、現段階では、長銀が債務超過だという情報は持ち合わせておりません。さらに資本が必要な場合には、合併に伴う営業権の償却を認める方向で考えています」

と付け加えた。

私は困惑した。営業権とはいわゆる「のれん代」であり、営業権の償却とは「長銀を引き受けることで被る損を分割して、毎年の利益から引いていく」という会計処理である。

会計上、長銀には資産としての価値のある営業権があるものと仮定して、合併後はそれを資産として貸借対照表に計上し、その権利を毎年の利益を使って順次償却していく。住友信託銀行としては、その分、見かけの利益が減り、法人税を節約することができる。「当局がそういう会計処理を認めるから、それで手を打ってくれないか」という提案だ。

金融監督庁（現金融庁）の事務方からは、以前から聞いてはいたのだが、日野長官の口から出たのはそのときが初めてだった。

だが、そもそも営業権とは、吸収される側の事業によって合併後に営業利益が出ることを前提とした概念である。長銀が債務超過に陥るような経営状態にあるとしたら、その営業権に何らかの価値が認められるものだろうか。合併後の営業で利益が出るかどうかは、資産状況を精査しない限り、言えるはずがない。

私は「利益が出ないかもしれない企業に、営業権という概念を認めるのは難しいですね」と指摘し、「取締役会にかけたら正論が通ります。私はそれに従うしかありません」とお答えした。

長銀が債務超過だった場合に、「公的資金を守るために、損を承知で合併して、長銀の営業権を資産計上しよう」などという提案が、取締役会で認められるはずもない。もし認めたら、「会社の資産を意図的に毀損した」として、取締役全員が株主訴訟の対象になってしまう。

日野長官との会談で出た、事前注入する公的資金の額については、その後、大蔵省（現財務省）金融企画局の内藤純一《ないとうじゅんいち》参事官から当社に、非公式の数字が示された。参事官は、

「長銀は一九九八年度上期に七七七〇億円、下期に五七三〇億円、合わせて一兆三五〇〇億円の不良債権を償却する予定です。ごく試案ですが、公的資金の注入は、上期に長銀に対して六一〇〇億円、下期に合併後の新銀行に対して二九〇〇億円、あわせて九〇〇〇億円となっています」

と教えてくれ、

「足りない分は営業権を五五〇〇億円計上すればいいでしょう。年間業務純益一〇〇〇億円の五年

分と、五〇〇億円の税効果です」

と提案してきた。

九〇〇〇億円と五五〇〇億円を合わせると一兆四五〇〇億円となる。大蔵省としては「長銀の不良債権処理にかかる費用は一兆三五〇〇億〜一兆四五〇〇億円程度。そのうち九〇〇〇億円は政府が出してあげるから、残りは住友信託でカバーしてくれ」ということのようだった。

田波次官より再三の要請

翌八月一四日、田波耕治《たなみこうじ》次官から電話があった。相変わらず、「ぜひ合併の宣言をお願いしたい。大臣も心配している」ということだった。

この段階になると私のほうも、「政治の側が制度の問題点を直してくれないと、こちらは動けません」とはっきり言うようになっていた。

「公的資金の毀損を認めないという現在のスキームはそのままにして、長銀の営業権という名目で、ないはずの自己資本をあるように見せかけるという金融監督庁の案は、受け入れがたいものがあります。率直に言って、この案は現在の公的資金注入の制度上の問題、つまり不良債権で経営が危ないから公的資金を注入しているのに、注入された公的資金を肝心の不良債権の処理に使えないという矛盾のツケを、一企業に負わせるというものにほかなりません」

私が指摘すると、田波次官は「いやいや、それはその通りだが、いま法律を急に変えるわけにはいかない事情もわかってほしい」という反応だった。

「ただ、反対している野党側も、今まで『事前の資本注入はダメだ』と言っていたのだが、そこを認めるところまではなんとか来た」という。

野党側も長銀の状況に、かなり危機感を募らせてはいたのだろう。

私が聞きたかったのは、客観情勢についてではなく、政府の姿勢についてだった。

私の目には、政府の側に「目の前の障害をなんとか突破して、金融危機を解決しよう」という意欲が感じられなかった。おそらく政府は、実質的に破綻《はたん》している長銀を救済するための法律を作る、という形にはしたくなかったのだろう。

だが、たとえ野党の反対で国会で否決されるにしても、とにかく法案を提出してみたらどうなのか。世界規模の問題だと言いながら、自分たちでそれを解決する努力もしないで、民間人に「よろしく、よろしく」と言っているだけでは、政治の存在意義はない。

公的資金の毀損を認める

八月二〇日の朝、私はまた日野長官に呼ばれて説明を受けていた。

そこで日野長官は「内閣法制局と相談した結果、『不良債権処理に公的資金を使っても金融安定化法に抵触しない』との政府統一見解をまとめるに至りました」と告げた。

「公的資金が毀損することを認めた、ということですか」

「ぎりぎりの線として毀損していいということになったので、検討をお願いしたい」

ぎりぎりの線という言葉の意味がわからなかったが、とにかく不良債権処理の原資として使っていいということのようだ。金融安定化法による公的資金を、不良債権処理に使っていいという言葉が、長官の口から初めて出てきたのである。

合併前の公的資金投入があり、投入された公的資金を不良債権処理に使ってもいいということになると、「事前に長銀が自らの不良債権を処理し、その上で合併する」という当社が想定していた段取りが実現する可能性が出てくる。

「では公的資金はいくら出るのでしょうか」

「それは計算してみないとわかりません。とにかく公的資金を使ってくれてかまわないというのが本日の提案です」

「計算してみないととおっしゃいますが、金融監督庁の検査はどうなっているのでしょうか。検査結果が出れば、それをもとに必要な額を計算できるでしょう」

「検査もやっていますが、両行の話し合いがまとまっているかも大事です」

禅問答のようなやりとりだった。

「時間がかかっているのなら、検査官を増やしたらどうでしょうか」

「検査官を増やしたからといって、すぐ検査が進捗《しんちょく》するとは限りません」

日野長官としては、「とにかく政府としては一歩前進したので、そちらもよろしく」ということのようだ。

「長銀の経営状態を飛び越えて声明を出すことはできないと考えていますが、公的資金で不良債権処理をしていいということでしたら、プロセスをもう一度検討してみましょう。しかし衆人環視の状況ですから、やはり透明な処理が必要です」

私はお答えした。

小渕総理からの面談要請

日野長官と会った後、私は会社に戻ったのだが、その日の午前中にアサヒビールの樋口廣太郎《ひぐちひろたろう》会長から電話があった。

「小渕総理があなたに会いたいと言っているので、会ってあげてもらえませんか」

私は「えっ」と驚いた。

「朝食会で総理に会ったとき、総理が『高橋社長に会えないものかな』とおっしゃっていたので、『私が段取りを付けましょう』と申し上げたのです」

私は「少し考えさせてください」と言って電話を切った。

朝、日野長官と話した段階では、その夜に首相と会ってほしいという話は出ていない。樋口会長が私に電話してきたのは、小渕首相から直接、依頼されてのことであろう。

樋口会長の立場を考えれば、むげにも断れない。だが長銀との合併交渉は民間企業同士の話であり、経営者の責任で行うべき問題である。

私は宮川和雄業務部長から金融監督庁に電話を入れてもらった。首相がこの問題について私に会談を申し入れていることは、金融当局にも伝わっているはずと考えたからである。その上で、

「長銀の件で首相と会ってほしいという話があったが、少し筋が違うのではないか」

と申し上げた。

しばらくして日野長官から私に電話があった。

「樋口さんの話を受けて、首相と会ってください」

という。

間が空いたのは、向こうでもいろいろと議論があったのだろう。後から聞いた話を総合すると、首相との会談を計画したのは金融監督庁ではなかったようだ。

「政治家の方と交渉するつもりはありません」

「小渕総理は総理大臣ではありますが、金融監督庁の所管大臣で、私の上司でもあります」

日野長官も私が言いそうなことを予想して、頭の整理をしてあったようだ。

発足から二カ月しかたっていない金融監督庁には、まだ正式な所管大臣がいなかった。組織構成もこの時点では暫定的なもので、監督庁のトップである長官は政治家ではなく、それまで名古屋高等検察庁で検事長の職にあった日野正晴氏が抜擢《ばってき》されていた。

つまり日野長官はもともと司法の出身なのである。政治的な事情で突然、金融行政のトップに迎えられ、市場や信用秩序といった不慣れな話をしなければならず、相当に戸惑っておられただろう。

私が日野長官から電話を受けた時点では、金融行政のトップが総理大臣であるという公的な定めは存在していなかった。しかし金融行政を所管する省庁のトップから、「金融担当大臣からの正式要請である」と言われれば、こちらも断れない。昔で言えば大蔵大臣と個別行の関係にあたる。

「わかりました、お会いしましょう」

やむなく、会談を了解することになった。

なお、この年の一二月一五日、総理府（現内閣府）の外局として国務大臣を委員長とする金融再生委員会が設置され、金融監督庁はこの金融再生委員会の管理下に入った。金融再生委員会の長は総理大臣であるため、金融監督庁を含めて金融行政を所管するのも総理大臣ということになった。

「本日の夜八時半に、金融監督庁の者が案内に向かうので、待ち合わせの場所を指定してほしい」

と言われ、私はパレスホテルを待ち合わせ場所に指定した。

公邸での首相会談

小渕総理以下、政府高官四人と会談

その日の夕方、私は東京・丸の内のパレスホテルに借りた一室に移り、宮川業務部長と一緒に夜八時まで時間を潰した。

八時にホテルの車寄せに行くと、金融監督庁の乾文男《いぬいふみお》監督部長が自ら待っておられ、「ご案内します」と言う。

監督部長は、現在で言えば金融庁監督局長にあたる幹部である。「ずいぶんと偉い人が案内してくれるのだなあ」と思ったものだ。

車を降ろされた場所は、これまでまだ訪れたことのない場所だった。

首相と会うということで、向かう先は官邸だと思っていたのだが、そうではなかったようだ。

乾部長が芝生の上に懐中電灯を照らし、先導してくれた。

しばらく行くと、石垣の門をくぐった。

暗くてよくわからなかったが、「どうやら首相公邸のようだ」と私は想像した。

米国のホワイトハウスは合衆国大統領の執務室と私邸を兼ねているが、日本では首相が公務を行い、内閣の閣議が開かれる官邸と、首相とその家族が居住する公邸を分けている。

現在の首相公邸は二〇〇五年四月、小泉純一郎《こいずみじゅんいちろう》政権時代に完成したもので、私が訪ねたのはその前に使われていた旧公邸である。官邸と渡り廊下で連結されていた平屋造りの建物だった。

私と宮川業務部長の二人が建物内に入ると、後に財務次官となる細川興一《ほそかわこういち》総理秘書官が出迎えてくれた。以前に大蔵省の銀行局におられた関係で、私も存じ上げている方だった。

「ごぶさたしています。今日はどうもすみません」

挨拶《あいさつ》いただき、邸内の一室に案内された。

私と宮川部長が片側に座って待っていると、まもなく部屋に小渕首相が入って来られた。宮澤蔵相、野中官房長官、日野長官が続いて入ってくる。政府側はこの四人だけだった。

意外に思ったのは、その場に書記役となる人がいないことだった。こういう席には普通、秘書官や課長などが同席しているものだが、メンバーの中に誰もメモを取る人がいない。せいぜい日野長官が頭の中に記憶するぐらいだろう。私のほうもメモは取らなかった。

型通りの挨拶を終えた後、小渕首相から、

「私は銀行嫌いでしたし、銀行問題に詳しくもありません。ただ『日本発の世界金融恐慌は避けたい』という一念で、ここまで来ていただきました。宮澤大臣から政府の方針を説明させてください」

とお話があった。

すでに述べたように、金融行政はこの時点で大蔵省から切り離され、金融監督庁に移管されていた。財政と金融行政を切り離すことを狙いとした組織改革を行った直後なのに、なぜ財政を所管する大蔵省の宮澤大臣が、銀行問題に顔を出してくるのだろうか。

私がいぶかしげな顔をしたのか、宮澤蔵相は「大蔵省は個別行の担当をしていないのですが、金融秩序を担当しておりますので」と断った。

続いて、日野長官から小渕首相に対し、「住信にはこういったことを頼んでおり、今はこういう状態でございます」という、経緯の報告があった。

三条件を回答

私も「経緯について、私も一言」と言って口を挟み、これまで記者会見などで説明してきた、長銀と合併するための条件について、改めて説明した。
①正常債権のみの承継であること
②吸収合併であること
③金融監督庁による長銀の資産査定（デューデリジェンス）が、今後、交渉を進めるかどうかのポイントになっていること

以上の三点である。

「資産精査は合併比率算定の基礎となるもので、これを省略することは企業の道理から外れます。長銀もつらいと思いますが、私としては日野長官に、『法的に許されるぎりぎりのところはともかく、法を逸脱することはできません』とお話ししてあります。

野中官房長官からも『長銀の経営が厳しいので、合併に関するアナウンスを出してほしい』というお話がありましたが、アナウンスの前提としても資産精査は必須で、それを省略するわけにはいきません」

そう説明した。

私が伝えたかったのは、首相や蔵相からいくら頭を下げられても、企業経営者として、銀行法や会社法のルールを逸脱することはできないということである。

「私どもとしても、もともと合併したいという気持ちは持っています。政府が公的資金投入の検討をしているという報道もあり、私も直接うかがっています。手続き面の制約はありますが、金融監督庁の検査結果が八月中にも出てくるものとして、九月末までに基本合意ができるのではないかと考えております。合併期日については、来年四月でどうかと考えております」

そこで宮澤蔵相が「高橋さんの言われるデューデリジェンスは当然だと思います。しかし長銀が破綻したら、国際的大事件です。なんとかこれはお願いしなければなりません」と発言された。

会談のあったこのとき、金融秩序の動揺は日本だけの話ではなくなっていた。

会談の三日前、一九九八年八月一七日には、ロシア政府とロシア中央銀行が「対外債務の九〇日間支払い停止」という債務不履行（デフォルト）を宣言している。ロシアの通貨ルーブルとロシア国債は暴落し、太平洋を隔てた米国の債券市場にも大混乱が起きていた。ロシア金融危機である。この危機は、後に米国の有力ファンドLTCM（ロングターム・キャピタル・マネジメント）の破綻につながっていく。

前年の九七年には、七月のタイ・バーツ暴落に始まるアジア通貨危機が起き、東南アジアや韓国が大きな経済的打撃を受けている。

宮澤蔵相「公的資金毀損認める」

宮澤蔵相は、アジア、ロシアに続き、長銀問題がこじれて日本までが金融危機となれば、世界経済への影響は甚大と考えておられたのだろう。

「住信の主張のエッセンスは正常債権のみの引き受けとうかがっていますが、いかにもごもっともです。しかしながら、長銀には即応するだけの力がありません」

そして日本リースのこと、国会の話などをされて、

「長銀は債務超過ではないとの話が金融監督庁からあったので、公的資金が毀損してもいいと決心

しました。国会ではすぐには言えませんが、私としては覚悟しています。不良債権はきれいにしてお渡しします」

とおっしゃった。

宮澤蔵相の言葉の意味は、「長銀には独力で不良債権を償却する資力がないので、政府としては公的資金で長銀の不良債権を処理する決心をした。現時点でいくらになるか、数字はわからないけれども、債務超過はないので、これまで投入した公的資金を使えば、不良債権処理は可能である」ということである。

宮澤蔵相は「長銀は九月期に七七七〇億、三月期に五七三〇億、計一兆三五〇〇億円の処理を行うと言っています。これはしかし未定です」と、数字を挙げて説明された。前に大蔵省の内藤参事官の口から聞いていた、長銀の九八年度の不良債権の償却予想額である。

「以前、営業権の価格を五五〇〇億円と申し上げたところ、御社からは『過大だ』という話があったようです。営業権の価値が五五〇〇億もなく、たとえば二〇〇〇億ということであれば、足りない三〇〇〇億は公的資金でかぶります」

というような、非常に細かい数字を入れたお話があった。

「長銀の営業権を評価していただけるでしょうか。ゴーイングコンサーン（企業の永続性）を考えると営業権がゼロということはないでしょう」

そう聞かれ、私は「長銀は債務超過という報道もあり、そこは慎重にならざるを得ません」とお答えした。

債務超過の報告はない

これを聞いた小渕首相から「国会で『長銀は債務超過なのではないか』と問題になっているけれども、日野さんどうですか」と日野長官に質問があった。

「債務超過という報告は受けていません」

日野長官は説明した。

合併交渉の障害の一つは、長銀についての金融監督庁の検査結果が出てこないことだった。ほかの銀行はみな結果が出ているのに、長銀だけ検査結果が出てこないのである。これについてはすでに国会でかなり問題になっていた。

野党からは当然、「実質破綻しているのではないか」と質問が出る。これに対して日野長官はその都度「債務超過という報告は受けていない」という回答をしていた。

小渕首相もそのときの日野長官の答弁は頭にあって、どういう返事が来るかわかった上で日野長官に質問したのだろう。

日野長官は、

「佐々波《ささなみ》委員会でも『債務超過でなければ問題ない』、日銀も『債務超過でなければ応援する』と言っています。長銀問題を国際的事件にしないという考え方は小渕首相も了承しています」

と宮澤蔵相を援護し、小渕首相からも、

「宮澤先生をこの時期、三顧の礼で大蔵大臣にお迎えしたわけですが、小渕内閣もここで金融問題を解決しないと国民に申し訳が立ちません。宮澤さんの話には、総理として責任を持ちます」

「銀行は経済にとって欠かせません。銀行は血液です。血液が途絶えるとダメで、北拓（北海道拓殖銀行）の破綻で北海道の経済は大変なことになりました」

という決意表明があった。

宮澤蔵相の思い入れ

宮澤蔵相、野中官房長官はともに後日、回顧録などでこの日の会談について振り返っている。私も拝読したが、それらに述べられた内容は私の記憶している事実とは少し異なっている。

宮澤蔵相は二〇〇六年四月二九日付の日本経済新聞「私の履歴書」の中でこう記している。

「今でも悔やんでいるのは、経営が悪化した日本長期信用銀行を救済するために汗をかいた、住友信託銀行との合併が実現しなかったことである。住友信託銀行の中ではさまざまな議論があって、ずいぶん迷ったようだが、あそこで迷わずに合併してくれていれば、という思いがぬぐえない」

住友信託が「迷った」ことが長銀との合併が実現しなかった理由だと説明しているが、私は別に迷っていたわけではない。前述の三条件さえクリアできれば、合併に踏み出そうという決心を固めていた。むしろ、迷っていたのは政府の側だと感じている。

宮澤蔵相の発言は「長銀の不良債権は政府が投入した公的資金で処理した上で住友信託に渡す」ととれるものだった。だが果たしてあの時点で、小渕内閣は公的資金による長銀支援に踏み切ることについて、閣内で合意を得ていたのだろうか。もしその方針を公にすれば、金融国会で野党から猛烈な批判を浴びることは避けられない。

二年前の住専国会では、住宅金融専門会社の不良債権処理のために公的資金を投入すべきか否かで紛糾し、野党・新進党がピケを張り、審議が中断する騒ぎとなっている。

一連の宮澤蔵相の発言に対し、同席した野中官房長官は会談の場では一言も話さなかった。何か腑《ふ》に落ちないものがあったのかもしれない。

野中長官は〇三年一二月に上梓した『老兵は死なず―野中広務全回顧録』(文藝春秋)の中で、この公邸会談に触れている。

「大蔵省の案では税金からの資本注入は、合併両銀行あわせて一兆六〇〇〇億円になるという。問題は、この計画で、合併する側の住友信託銀行が『うん』と言うかだった」として、「ノンバンク債権放棄→資本金注入→住友信託銀行との合併という救済スキーム」が披露されたと述べている。

さらに「高橋社長は、合併は、政府としてどんな支援をしていただけるかによる、と答えた。それに対して宮澤さんが、先のスキームを披露したのである。『必要な資金はいくらでもつけましょう。金にいとめはつけません』」というやりとりがあったと記している。

しかし、これも私の記憶する事実とは違う。

私は「一兆六〇〇〇億円の公的資金注入スキーム」をその場で持ちかけられてはいないし、宮澤さんから「金にいとめはつけない」と言われた覚えもない。

「置かれている立場が違うと、これだけ事実認識が違うものか」と、後日お二人の回顧録を読んで思ったものだ。

「法的ルールによる処理」を再三説明

日野長官より、

「長銀には明日にでもリストラ（事業の再構築）案を発表させます。国会も自民党がブリッジバンク法案を出して、来週から本格的な議論が始まります」

という状況の説明があり、

「住信の立場として『合併に合意した』とは言えないのでしょうけれども、『前向きに対処する』というメッセージを出していただけないだろうか」

と宮澤蔵相が促した。

長銀のリストラ案が翌日出るので、そのときにそれをバックアップするような声明を出してほしい、という要請である。私は明確な返事はしないで、

「リストラ案については、かなり踏み込んでいただければいいのですが。子会社の整理まで踏み込んでいただかないといけないと思います」

とお答えした。

そして銀行の社長と取締役会の、会社法あるいは銀行法上のポジションについて説明し、「私の一存で決めるわけにはいきません。法により定められた手続きが必要なのです」と申し上げ、公邸を後にしたのである。

別れ際には宮澤蔵相から、「本日のことはご内密にお願いしたい」と口止めされた。

会談の波紋と報道合戦

深夜の経営会議

その夜、会社に帰って、私は経営会議メンバーを集めた。

全員が集まったのはかなり遅い時間だった。専務の一人の自宅が鎌倉で、「来なくていいよ」と言ったのだが、「行く」ということなので、到着するのを待っていたのだ。

議題は公邸でのやりとりの報告である。

結論として、「既定路線を変えない」「長銀のリストラ案に対しては、中身はともかく、コメントは出す」ということになった。

翌二一日、金融監督庁から企画担当の岡本好央《おかもとよしお》専務に電話があった。

「昨日の宮澤大臣の発言の趣旨はこういうことです。お伝えします」という内容だった。

第一に、「大臣はこれまでに長銀に注入した公的資金の毀損を覚悟した。責任をとる決心をした」ということ。

第二には「長銀の営業権の数字については、極端な場合はゼロでも結構と言っている。泥をかぶる決意をされたとご理解ください」ということ。

第三は「デューデリジェンスを住友信託がやるのは当然で、一兆三五〇〇億円の償却と言ったが、総額が膨らむことも覚悟している」ということ。

第四は「大臣は、長銀への新たな公的資金投入を、額は未定だが決断している」ということ。

最後に「長銀がリストラ案を発表したときに、『知らない』という態度は困る、前向きなアナウンスを出してくれないか」ということだった。

長銀七項目の再建策を発表

その日の夜、長銀は、七五〇〇億円の不良債権処理、現役員の総退陣、本社ビル売却など、計七項目からなる再建策を発表した。このリストラ案について、一九九八年八月二二日の朝日新聞は、朝刊一面で以下のような内容を報じている。

「巨額の不良債権を抱えて経営再建を進めている日本長期信用銀行の大野木克信頭取は二十一日夜、日本銀行本店内で記者会見し、現経営陣の総退陣や海外業務からの全面撤退などを柱とした合理化策などを正式発表した。（中略）政府は同日、長銀に対して公的資金を投入するなど住友信託との合併を後押しする方針を決めた」

住友信託銀行では、前夜の経営会議での結論通り、長銀の発表についてのコメントを発表した。このコメントでは住友信託銀行としての合併の条件を述べている。合併の三条件については、これまでも口頭では言ってきたが、文書にしたのはこれが初めてのことだった。

規制産業から市場経済へ

民間企業同士の合併交渉に、監督官庁のみならず、首相や蔵相、官房長官までが出てきて圧力をかけるという図式は、若い読者からすると異様に見えるかもしれない。

その疑問に対しては、日本の金融界が置かれてきた歴史を説明する必要があるだろう。

金融はかつて、とくに行政の規制が強かった業界である。

規制の時代は、銀行行政の主たる眼目は適正資金配分だった。それは銀行の役割であると同時に政府の目標でもあって、投資のための資金が不足していて、慢性的な資金不足であったから、それをどう適正に配分していくか、それが基本原則だった。

そのためには政府の監督があってもいい、むしろそれが当然という考え方が支配的だった。当然、経済が政治、行政と無関係ということはない。銀行はとくに官庁と一体となって動いていた。

当時は日本の金融は、話し合いで行われていたのである。

法的にも、たとえば臨時金利調整法という法律があって、監督官庁が民間金利を調整していいことになっていた。

官民協力のための民間側の組織も三つあった。

まず三井、三菱、住友、富士、三和、第一勧業の大手六銀行で構成する、「都銀六行会」という組織があり、ここが大蔵省の銀行局と連絡をとり、全銀協などで議論する前にだいたいのことを決めていた。

次に「起債会」という組織があり、日本興業銀行が幹事となって社債の発行の調整をしていた。

「国債世話人会」という組織もあった。現在は国債の引き受けは入札制で行っているが、当時はここでの会議で引受先を決めていた。

これに大蔵省の銀行局を加えた四つの組織で、日本の金融を取り仕切っていたのだ。

そうした仕組みは、一九九八年前後にことごとく崩れていった。

橋本龍太郎《はしもとりゅうたろう》政権が実施した財政と金融の分離、そして日本版金融ビッグバンと呼ばれた金利や手数料の自由化が行われたのがこの時期である。長銀との合併交渉があった九八年は、長年、規制産業であった金融が市場経済に移行する過程の、最終段階にあたっていた。

自由化された以上は、合併にしても基本的には民間のビジネスであり、民間のルールにのっとってやるのが大原則である。政治、行政の介入はもはや、法的な根拠を失っている。ただ直前までは国策に従って金融業務をやっていたわけだから、政治家もメディアも金融関係者も、政治、行政が介入してくることにとくに違和感は持たなかった。

「経済は市場が決める」という考え方も、今でこそ常識になっているが、当時はそうではなかったし、コーポレートガバナンス（企業統治）に対しての理解も、当時はまだ「あったか、ないか」程度で、企業統治における経営者の役割についても現在に比べると格段に理解が浅かった。

社長という地位にあっても、合併のような経営上の大問題については、踏まなければいけない組織としての法的手順がある。それはリーダーシップの有無とは関係ない。どんなワンマン社長の会社でも同じことで、まともな企業なら経営者の独断だけで経営が進められていくことはない。

だが官庁も政治家も、まだ古い時代の感覚から完全には抜け出していなかった。金融行政そのものが、大蔵省による護送船団方式から、自由化・市場化へと大きくシフトしていく転換期にあったのだ。世間全体に裁量行政時代のマインドが残り、私企業に対する政治的な要請の限界というものの認識は不十分だった。

官邸筋のリーク

八月二〇日夜の公邸での会談については、翌二一日の毎日新聞の朝刊に一面トップ記事として報道されている。

官邸筋のリークとしか考えられない。私は蔵相に口止めされており、当社の経営メンバー以外には一人も会談があったことを漏らしてはいない。おそらく関係者の誰かが、会談についてリークすることで、住友信託の退路を断つという効果を期待したのだろう。

なぜ毎日一紙だけだったのかはわからないが、スクープされたほかの新聞社は大騒ぎだった。

朝日新聞は一日遅れの八月二二日朝刊の二面と経済面で、

「住友信託銀行による日本長期信用銀行の救済合併問題で、小渕恵三首相は住友信託銀行トップに直接要請する異例の手段に踏み切った。合併交渉がこれ以上長引けば、金融システム不安が広がり、ひいては『経済再生』を掲げた政権の屋台骨が揺らぎかねないという危機感からだ」

「日本長期信用銀行のリストラ内容を伝えるため、小渕恵三首相が二十日夜に合併相手の住友信託銀行の高橋温社長を公邸に招いた会談で、同席した日野正晴・金融監督庁長官が長銀で現在進行中の検査の内容に触れて『債務超過ではない』と説明し、合併を促したとの疑惑がくすぶっている」

と書いている。

さっそく二一日の国会で、この件が取り上げられることになった。

当社では社員を質疑の傍聴に行かせ、やりとりを記録している。

中でも印象的だったのは、参議院予算委員会での江田《えだ》五月《さつき》議員の質問だった。

江田議員が、「長銀への資本注入の話は」と質問すると、首相は「現段階で自分は承知していない」と答えた。

続いて江田議員が「住信社長との面談は事実か」と聞くと、「事実だ。政府として支援していくと申し上げた」と回答があった。

「支援の中身は」

「長銀の申請を受けてからの話であるから、まだ政府側から具体的なことは申し上げられない。先方の意向もあるので」

「誰がそこにいたのか。会談の内容はどうであったのか」

ここで宮澤蔵相が、

「公邸である。その場にいたのは首相、私、官房長官、日野長官の四人である。しかしリストラの詳細は長銀から聞いていないので何とも言えない」

と答えている。

続いて「会談をセットしたのは誰か」という質問があって、首相が「私である。日野長官から話を聞くとともに、高橋社長からも経緯と所感などをうかがった」と答えている。

私に対しては、最初に首相の依頼を受けた樋口さんからの電話があったわけだから、その意味では「私が」という答弁は事実と符合している。

日野長官はこの日の答弁で、公邸での会談について、「長銀の検査について、債務超過との報告は受けていない、と話した」と述べた。翌日の朝日新聞が「住信社長に金融監督庁が検査内容を漏らしたとの疑惑がくすぶっている」と書いたのは、この発言を指したもののようだ。

私の記憶する限り、公邸で日野長官が口にした内容は国会答弁をなぞっただけのものであり、「漏らした」とたたかれるほど踏み込んだ内容のものではなかったと思う。

この会談については、それで一応、終わった。

小渕総理の気配り

はっきりうかがったことはないが、小渕首相は公邸での会談の後、「高橋に無理強いしたのではないか」と思っておられたのではないかと思う。

もともと非常に気配りをされる方と聞いているが、長銀問題が終わった後、私は小渕首相から電話を二回いただいている。

いずれも、何か別の件で私の名前が新聞に出た際に「新聞で名前を見たので電話しました」と言ってかけてこられたものだ。

私は当時、信託協会長も兼務していたので、新聞に名前が出ることがときどきあった。

そのときの小渕首相の言い方は「あの節はご迷惑をおかけした。元気で活躍してくれていて、私としてはなによりだと思っている」というものだった。

あるいはご自分の行動をとがめていたのかもしれない。本当に気配りの人、政治家らしい雰囲気を持った方だったと思う。

この会談については「シチュエーションが異常だ」ということで、「かなり圧力をかけられたのではないか」と見られることが多かったが、私個人としては、それほどプレッシャーがあったとも、無理強いされたとも思っていない。

長銀との合併の件についての段取りは、すでに六月二六日の記者会見でオープンにしている。私の法的なポジションから言えば、諸条件の充足を進めるだけだった。

小渕首相は会談の後二年足らずで亡くなられたので、私との関係をいろいろと新聞などにも書かれることになった。

個人的な話だが、小渕首相が亡くなられた後、あるところで奥さまにお会いしたことがある。私は小渕首相を想《おも》って、「千秋凛然《せんしゅうりんぜん》」と書いた掛け軸をお贈りした。

成都《せいと》に三国志で有名な劉備《りゅうび》のお墓がある。劉備は一〇〇〇年以上もそこに一人で眠っているという。三国志で敵対していた魏《ぎ》の曹操《そうそう》は、その後、中国統一王朝の政権をとったおかげで、中国中にお墓がある。

この言葉の意味は、あちこちに自分の墓を立てた曹操に対して、劉備は奥ゆかしく、静かに眠っているということである。直接には関係ないのであるが、小渕首相にはふさわしかろうと思って書いたものだ。

もっとも、奥さまがお喜びになったかどうかはわからない。

第四章

交渉撤退

——金融国会の焦点

明らかになった長銀の債務超過

首相みずから合併の推進役に乗り出したにもかかわらず、合併をめぐる環境はこの後、どんどん悪化していった。

大きく影響したのは国会情勢である。一九九八年七月三〇日に召集された臨時国会は「金融国会」と呼ばれ、長銀（日本長期信用銀行）処理問題が最大の焦点に浮上していた。その方法をめぐって与野党が激しく対立したのだ。

与党案「ブリッジバンク方式」

政府が長銀問題への対応のために用意した金融再生関連法案は、経営が悪化した金融機関を経営破綻《はたん》させずに、公的資金を投入して財務状態を改善した上で、別の金融機関に買収させることを想定していた。買収が実現するまで破綻金融機関の受け皿となるのが、ブリッジバンクである。長銀にも公的資金を投入して破綻を回避し、ブリッジバンクを使って住友信託銀行との合併を進めようという構想だった。

これに対し、民主党など野党は「税金で銀行救済はすべきではない」と主張し、長銀への公的資金投入に反対していた。

すでに債務超過の疑いのある長銀については、破綻処理し、経営責任と株主責任を問おうという考えである。この野党版の金融再生関連法案は、政府案に対抗する形で八月二五日にまとまった。

野党はこれを携え、「長銀は実は債務超過ではないのか」と政府に攻勢をかけていった。

国会審議の経緯を見る限り、公邸で私が聞かされた「住友信託が合併する前に、長銀に公的資金を投入し、不良債権を抜本処理する」という宮澤喜一《みやざわきいち》蔵相の構想は、実現の見通しがつかなくなりつつあった。

当社への野党の疑念晴れる

野党には「住友信託が政府の片棒をかついで、長銀救済に手を貸そうとしているのではないか」という疑いもあったようだ。

菅直人《かんなおと》議員に説明にうかがったのと同じころ、やはり当時の野党の一つであった自由党の野田毅《のだたけし》議員からも「話を聞きたい」と呼ばれ、岡本好央《おかもとよしお》専務が行って説明している。

政党でもトップクラスの人は野党を含めて事情がわかってきているので、「住友信託が自民党と組んでいる」といった話にはならなかったが、一般の議員さんたちはくわしい事情はご存じない。

当時、自由党から要請を受けて企画部長などが出向き、二〇～三〇名の議員を前に当社の考えを説明したこともある。当社には小渕内閣の延命に手を貸すなどという政治的意図はまったくなく、純粋に自社の発展のために心を砕いている、という状況を理解していただこうと説明したところ、最後には「政治の圧力に屈することなく、がんばれ」と満場の拍手で送り出されたそうだ。

野党と歩調を合わせるように週刊誌が「住友信託も公的資金の投入を期待する長銀と同じ穴のムジナではないか」という批判記事を掲載していた。新聞各紙も「公的資金を使う以上は長銀、住友信託のトップを国会に呼んで、事情を明らかにすべきだ」という論調になっていた。

国会参考人招致断る

そういう流れの中で大蔵省（現財務省）から当社に「参考人として、長銀の大野木克信《おおのぎかつのぶ》頭取と一緒に金融安定化特別委員会に出てほしい」という申し入れがあった。

八月二五日に野党合意案ができた、確かその日だったと思う。

これには私も腹を立てた。民間企業同士の交渉事について、国会が何を聞きたいというのか。公的支援を求めているのは住友信託ではない。問題は長銀の側にある。何も頼んでいないのに、事情を説明しろというのは、筋が違う話だ。

事情を知らない代議士や政治部の記者が騒ぐのは仕方がないにしても、本件の本質をわかっている監督官庁が、きちんと説明もせずに簡単にこちらに話を投げてくるとは何事だろうか。

「国会に来いというのなら、国会としても私にお聞きになりたいことがあるのでしょう。それならこちらも覚悟をもって国会に臨みたい。私を尋問したいということなら、証人としてなら出ましょう。参考人という立場ではお断りします。政治ショーにつきあう気はありません」

私は宮川和雄業務部長に、そう返事をするよう指示すると、それ以上は言ってこなくなった。

大蔵省も私が証人として国会に出て、内幕をいろいろ話されるのは嫌だったようだ。

証人となると、うっかりしたことを言えば偽証罪に問われるため、うそはつけない。国会の側も質問する必要性をきちんと示さなくてはならないし、質問内容も事前に用意しなければならない。役所のほうもそんな話になると、何かと面倒だと思ったのだろう。

国会では結局、八月三一日と九月一〇日、参考人を招致してこの件についての質疑応答が行われた。

呼ばれたのは長銀の大野木頭取、その子会社である日本リースの岡本弘昭社長など、長銀の関係者のみだった。「出ない」と断るのではなくて、「証人なら出ます」と返事をしたのは、我ながら、なかなかいいアイデアだったと思う。

国会「長銀破綻」の流れに傾く

そうこうしている間も、政府が国会に提出していた金融再生関連法案をめぐる与野党の対立は続いていた。政府の法案成立のめどはまったく立っていなかった。

行き詰まった自民党は次第に、「長銀が債務超過なら一時国有化する」という野党案を受け入れる方向に傾き始める。与野党が本格的な法案の修正協議を始め、「長銀は破綻処理しよう」という流れが、政治の論理で次第に強まっていた。

当社では合併話の出てきた六月以降、長銀と内部の経営データを交換していたから、八月に入るころには、「長銀の財務内容はかなり悪い」という印象を強めていた。

問題はやはり関連会社の処理だった。日本リースなどの系列ノンバンクが大口の融資先だったが、それだけではなく、日本リースオートなど日本リースの傘下の子会社にも長銀から引き受けた不良債権があった。

日本リースから融資を受け、数千億円もの投融資残のある不動産会社もあった。その経営の内実は、調べていたこちらにもわからない。中身を開けてみたら非常に悪いのではないかという疑念が募っていた。ただ、悪いといっても「どの程度か」という見通しがまったく立たない。

民間企業であるわれわれには強制調査権がない。長銀の全関連会社の抱える不良資産の総額については、長銀側が自主的に明らかにしてくれない限り、知りようがなかった。

私が「金融監督庁（現金融庁）の調査をふまえてデューデリジェンス（資産査定）を行う」と繰り返していたのは、そういう事情があったからである。金融監督庁であれば、長銀に命じて子会社や、さらにその子会社の財務内容まで調べ、長銀の不良債権の全体像を把握することができる。そのようなわけで、当社としては金融監督庁による長銀検査の結果が出るのを待つしかなかった。ところが当初七月中にも出ると言われていた検査結果は、八月を過ぎ、九月になっても出てこない。野党は与党案と野党案の対立の中で「長銀が債務超過だから、金融監督庁は検査結果を出さないのではないか」と疑い、政府批判を強めていった。

こちらが想定していた翌年四月という合併の時期は、あくまで八月中に金融監督庁の検査結果が出るという前提だった。話を進めようにも、足場が一向に固まらない。このままでは当初思い描いていたスケジュール通り、翌年四月に合併することは不可能だった。

ただ「債務超過ではない」と言っている限り、合併の前に再度、長銀に公的資金を投入することはできない。投入する理由がないからである。

そして政府が長銀救済スキームの最有力候補として考えている当社との合併については、検査結果を発表して不良債権額を確定し、それを処理するのに必要な額の公的資金投入を約束しない限り、それ以上進む見通しが立たない。

つまり政府としては、救済スキームが確定するまで長銀の債務超過の発表はできず、債務超過の発表ができない限り救済スキームは確定できないことになる。

政府も、そしてわれわれも、袋小路に追い込まれていた。

長銀九月末では債務超過

このときの金融監督庁による検査については、長銀の鈴木《すずき》恒男《つねお》元頭取の著書に詳しい。『巨大銀行の消滅―長銀「最後の頭取」一〇年目の証言』（東洋経済新報社）の記述によると、鈴木元頭取は検査結果について、金融監督庁から一〇月になって呼ばれ、検査を担当していた五味《ごみ》廣《ひろ》文《ふみ》検査部長が、六月末の資産査定を基準とした九月末の見込み額に言及して、

「事実上の債務超過と認定される」

とはっきり言われたという。つまり金融監督庁では六月の時点で長銀についてだけ、仮検査のようなことをやっており、この段階では長銀の債務超過の事実を明確に把握していたのである。

市場の恐怖

長銀との合併交渉をめぐる一連の経緯の中で、経営者として最もつらかったのは、当社の株価が際限なく下落していったことだった。

当時は金融不安の中で、長銀だけでなく、ほとんどの日本の金融機関の株価が下落していた。私も自社の株価は、毎日必ず見るようにしていた。ところが長銀との合併交渉の検討を表明して以降、当社の株価はどんどん下落し、九月下旬には三五〇円ぐらいまで来ていた。下落の原因は先物市場

における空売りである。普段の一〇倍ぐらいの出来高の売買が行われていた。

私は「マーケットは間違えている。当社の実力と比べて異常な安値だ」と思っていたが、こちらの言い分が正しくても、株価が下がっていることは事実である。「やはり住友信託は政治の圧力には屈するのではないか」と読んで、そちらに賭けた人が多くいたのだろう。九月末の決算では、当社の株主の多くが減損処理を迫られたのではないかと思う。

株主に対して申し訳ないだけでなく、ここまでくると、当社の信用力の問題になってくる。経営者として、市場に対し何らかのメッセージを出さざるを得ない状況になっていた。

私は「おそらく金融監督庁はもう検査結果を出すつもりはないな」と感じていた。そうであれば、こちらもそれを前提に方針を立てなくてはならない。

マーケットはマイナス、プラスはプラスで、それぞれ行き過ぎやすい。本来そういう性格のものなのだ。ただその一方で、この問題が片付けば株価も盛り返すという自信は持っていた。

会社として情勢分析を行った結果、「ディスクロージャー（情報公開）の見地からも、何らかの情報発信をする必要があるのではないか」という結論となった。

それまで私がこの件について、個別には記者にも、政治家にも会わなかったのは、こうした局面で不用意な一石を投ずることが、無益な混乱を招くと考えたからだ。ところがこの段階になると、何も発言せず受け身でいるほうがさまざまな臆測を呼び、マーケットで不利益をこうむる恐れが出ていた。

長銀の国有化による交渉の終焉

撤退への布石

九月一八日、与野党は金融再生関連法案の共同修正案を作ることで合意し、具体的な作業に入った。共同修正案は九月二三日に出てきた。実質的に野党案の丸のみに近い内容だった。長銀の経営の先行きは、きわめて暗い状況になっていた。

共同修正案が発表された翌日の九月二四日、私は住友グループ企業の社長の集まり「白水会」に出席するため大阪に向かった。

大阪に向かう新幹線の中で、かねて考えていたことを公にする決心をした。

「来年四月合併は無理だ」と発表するのである。

その場から当社の大阪駐在の広報担当者に電話し、「大阪で本日のうちに記者懇談会を設けるように」と指示した。

ところが大阪に着くと、広報担当者は記者懇談会をセットしていなかった。

理由を問いただすと、担当者は「東京の広報部に連絡したら、それは大阪で開くようなことじゃないと反対されました」と言う。私は「広報の上司と社長とどっちが偉いと思っているんだ。これは命令だ」と一喝し、その夜、緊急の記者懇談会を開かせた。

これはかなり考えた末の段取りだった。この記者懇談会の時点では、合併にまだ一縷《いちる》の望みは持っていたものの、基本的にはもう「撤退やむを得ず」という気持ちに傾いていた。

新法案の骨格は見えていて、それが通れば長銀は経営破綻の上、国有化されることになる。そうなれば当社は撤退するしかない。

翌朝、各紙朝刊に「住友信託が合併スケジュールを延期」という記事が載った。これは、政府に事態をきちんと受け止めてほしいという、私なりのメッセージだった。

さっそく野中官房長官が、翌二五日の記者会見で、この問題について言及した。

「せっかくわれわれも一生懸命努力しているのに、合併構想を打ち出している住友信託銀行が『長銀の不良債権の処理が思うように進まない』と言っているようだ。高橋社長の発言は真意をはかりかねる」

という内容だった。

同じ席で長官は「長銀を救うために、長銀系ノンバンクの不良債権の処理に公的資金を入れたり、公的管理で救済したりすべきではない」とも述べたという。

このときは「野中さんともあろう人を、あんなに怒らせてしまって大丈夫か」と心配する声があちこちから届いた。私は「政府は当然、反発するだろう」と予想していたので、驚かなかったし、野中長官がそれほど怒っているとも思っていなかった。

私ごときが言うのも何だが、野中長官は非常に頭のいい方である。

世の中には、何か考えを思いついたときに、それを実現するために何をすればいいのか、きちんと段取りを考える人、考えない人がいる。

段取りを考えない人は、思いつきをすぐに口にする。だがそれが実現する可能性は低い。物事は段取りを考えないと成就しないものなのだ。そうした人が口にする言葉には、どうしても軽い印象がつきまとう。

政治家の役割

たとえば宮澤蔵相は頭がシャープで、クレバーな人だと私も思うが、物事を実現させるために必要な段取りをあまり考えていらっしゃらない印象があった。

一九九二年の自民党の軽井沢セミナーで、「金融危機の防止のために公的資金の投入が必要だ」といち早く指摘していたという。誠に見事な洞察力である。しかし発言しただけで、たちまち反対の声にかき消されてしまった。思いついただけで、どうやって実現するかまでは考えておられなかったようである。

長銀救済の件でも、私の側が合併に必要な条件を明示し、手札をさらして見せているのに、それをクリアするための方法を真剣に考えていたようには感じられなかった。「なんとしても長銀を助けたい」と繰り返し口にされていたが、そのために政治家生命を懸けてもがんばろうという気持ちまでは、お持ちでなかったのだろう。そうなると「助けたい」という言葉も、どうしても軽く見えてしまう。

対照的に野中長官は、物事の段取りをきちんと考えている人だと、私には感じられた。

何かを思いついたときも、「どうやってそれを実現させるか」を同時に考えると、軽々には考えを口に出せなくなる。どのようなタイミングで、誰に向かって話せば、実現の可能性が最も高まるか。考え抜いた上で、時と場を選んで発言することになる。

そうした人の言葉は重い。言葉の一つ一つにそれを発した目的があり、意図をもって時と場所を選んでいるので、言葉を受け取る側も、なぜ相手がそのような発言をしたのか、なぜその時と場を選んだのか、込められた意図を感じ取らねばならない。

その視点から言うなら、私が新聞に話したことも段取りの一環なのである。

野中長官は記者会見の場で「真意をはかりかねる」という発言をされたが、言葉とは裏腹に、私の真意についてはよくおわかりだったろう。ただ政府を代表して、私の発言に反発してみせたのである。

金融再生関連法案をめぐって政府・与党が野党案を丸のみすることになれば、公的資金を合併前に長銀に入れ、長銀の不良債権をきれいにすることは不可能になる。そうなれば当然、長銀と住友信託との合併は白紙に戻る。野中長官はその見通しを持った上で、

「長銀の子会社のために公的資金を入れるなど、そんなことはできない。だったら白紙ということもありうる」

という、記者会見の席での発言を行ったのである。

私の側は「このままだとうちは撤退することになります」と言い、野中長官は「やむを得ない」と了解してみせたのだ。お互いにメッセージのキャッチボールをしているようなものだった。

後に野中長官の証言録『野中広務　権力の興亡』(朝日新聞社)を読むと、当時、私が感じていた感覚は正しかったようだ。

本の中で野中長官は、「僕には長銀ともあろうものがこういうことをやって、という不信感があった。しかし、宮澤さんは『ソフトランディングで処理したい』という姿勢でおられました。私は『これはハードランディングでやらなきゃダメだ』と考えていましたからね」と言っている。

ご本人に確認したことはないが私の印象でも野中長官は、この問題に関して政府が乗り出して長銀を助けることについて、腹に落ちてはいなかったようだ。公邸での会談でも一言も話さなかった。

宮澤蔵相と私のやりとりを聞く中で「この問題は現行法の枠組みの中で解決するのは難しい」と理解しておられたと思う。そして現行法の枠を変えても長銀を助けるべきだとは、お考えにならなかったのだ。

長銀破綻

九月二七日、長銀系最大のノンバンク日本リースが会社更生法の申請を行い、同社が二兆一八〇三億円もの負債を抱えていたことが判明した。

長銀から日本リースへの融資額は、ほぼこの負債額に相当しており、会社更生法の申請は、その大部分が回収不能になることを意味する。二兆一八〇三億円は長銀の自己資本金九〇〇〇億円の二倍以上に上る。長銀の債務超過はこの時点で決定的となった。

九月三〇日、与野党が金融再生関連法案で最終合意した。結局、自民党は政局を収束させるために、野党案の丸のみを決めたのだ。長銀破綻の流れが確定した。

私は合併交渉からの撤退を決めた。国が長銀の経営破綻を前提として、七〇兆円の資金を用意したという話も出て、世の中の論調も、「これで合併の話は終わりだな」という受け止め方が多くなっていた。

一〇月六日、長銀の鈴木恒男新頭取が、私のところを訪ねてこられた。

鈴木頭取は九月の大野木前頭取辞任を受けて就任したばかりだった。

そのときの話の内容を私は記憶していないのだが、鈴木氏の著書によれば、一縷《いちる》の望みをもって、第三者割り当てによる増資の提案をしたものの、私は残念ながら、黙ってお話をうかがっただけで、何のコメントもしなかったという。私は鈴木氏のことはかねてよく存じ上げていたから、自分の中で合併交渉からの撤退を決めていたことを、はっきりとは言いにくかったのだ。

鈴木氏にはその後もお会いしたが、大野木元頭取とはこの一件以来、一度もお会いしたことはない。

一〇月七日、野中官房長官は記者会見で「長銀の合併相手は住友信託に限らない」と述べた。最終的に合意された法律を読んで、「これで長銀と住友信託の合併はなくなった」と判断し、そう発言されたのだろう。

撤退を宣言

一〇月八日、私は記者会見を開いた。

席上、私は「新法の成立により法的枠組みが変わり、長銀と当社の合併についても、当初の予定通りには進まないことになりました。合併の検討についても民間ベースとは別のステージに移り、一私企業が口を挟む問題ではなくなりました」と述べた。

「合併については、一時検討を見合わせる」という遠まわしの言い方をしていたが、事実上の撤退宣言である。

これは必然的な流れだった。会見内容について、野中長官とはまったく擦り合わせをしていない。当社内にあった合併検討委員会も解散した。これについても発表では「経営評価委員会と名称を変更して、そちらに移行する」と表現している。名称変更後の委員会は自然消滅した。

そういうふうに順を追って既定事実化していき、国有化にあたって長銀の経営陣が一斉に退陣したことで、合併交渉は最終的な終焉《しゅうえん》を迎えた。

もちろん長銀が正式に国有化された後、最終的な売却先として住友信託が受け皿となる可能性もないではなかった。

しかし住友信託が合併相手に選ばれたのは、長銀経営陣に当事者能力があったからこそである。公的管理下に置かれた長銀には、法的な当事者能力はなくなる。野中長官のおっしゃった通り、もはや住友信託だけが合併候補とは言えなかった。どこを受け皿にするかは長銀経営陣ではなく、政府が決めることである。

七対三の仮説

私は経営に関して、かねて「七対三の仮説」という考えを持っている。

企業経営は生き物である。経営判断に際して、論理やデータによって説明できるのは、感覚的にはせいぜい七割程度にすぎない。残りの三割は、さまざまな情勢を総合的に判断することによって埋めるしかない。

経験から言えば、企業が期初に掲げる当期計画の七割程度は、すでに前期までの企業の営みによって、あるいは従来の営みを継続することによって、ある程度、達成が約束されている。言い換えれば、論理やデータによって計算が成り立つ。

だが残り三割はあらかじめ計算できない、見えない部分である。そこに経営者の総合的な判断が要求される。この判断に際してはセオリーなどはなく、それぞれの経営者が自らのセンス、己の嗅覚に基づき、直感的に決断していくことになる。

この不確実・不透明な部分を、経営において避けるべきリスクと見るか、挑戦すべきロマンと見るかは、経営者の考え方次第である。

私が長銀との合併交渉に乗り出したのも、やはり経営判断の結果である。

長銀から合併の打診があったとき、私はすでに「ある程度、政治がからむ案件だろう」とは想定していた。その意味ではリスクを伴う案件だった。問題はリスクに挑戦するだけの値打ちが、長銀にあったかどうかである。私はそれまでの社内での再編シミュレーションなどの結果から、長銀にはその価値があると判断し、合併に向けてチャレンジした。

経営において大切なのは、チャレンジすべきときに果敢にチャレンジすると同時に、その際のリスクをミニマイズするよう、用意周到に臨むことだ。

今、長銀との合併交渉の過程を振り返っても、「リスクをミニマイズするよう用意周到に進める」ということは、できたのではないかと思っている。

私は「当局の真意がどこにあるのか」をつねに考えながら行動していた。真意をつかむためには、単なる雑音とそうではないことをきちんと聞き分けることが必要だ。

組織においては、ポジション的に偉い人とされる人が必ずしも実力者とは限らない。また偉い人が発する言葉で、世間から見ると大変なことでも、実際には雑音ということがある。そうしたことについても私なりに分析し、軽重をつけて対応していった。

金融再生関連法案成立の時点で交渉打ち切りを発表したことについても、後悔はない。一〇月の交渉打ち切り発表の段階では、当社の信用に傷がついて、ぎりぎりのところまで来ていた。

マーケットにはオオカミがいる

株価について言えば、ボトムとなったときの引け値は一〇月の二四七円。取引中の最低価格としては二三五円まで下げている。当社が三〇〇円を切ったころも、住友銀行はまだ一〇〇〇円ぐらいでとどまっていた。合併交渉からの撤退会見を行った翌日の一〇月九日、日経平均株価はバブル後の最安値である一万二八七九円を記録している。長銀との合併交渉を通じて学んだものは、「市場との対話の重要性」に尽きる。

長銀問題が騒がれ始めた前後には、米国の投資銀行をはじめとする外資系金融機関が、先物市場で積極的に長銀株の空売りを行っていた。

長銀は不良債権の存在を表に出さないよう会計処理するために、実際はほとんど価値のない日本リースのリース債権を証券化した商品をつくり、これを資産として計上するといった、それまで日本国内ではあまりなじみのない手法を使っていた。その際、一部の外資系金融機関の手を借りていたようだ。

長銀の経営の内実を知る金融機関にしてみれば、長銀株を先物市場で空売りする一方で、マスメディアに長銀の経営不安についての情報をリークし、それによって長銀の株価を下落させれば、労せずして大金を手にすることができる。

長銀は一九九七年七月にスイス銀行と提携していたが、両社の間で交わされた契約の中では、スイス銀行の保有する長銀株が額面の五〇円を割った場合、スイス銀行が被った損害の代償として、両社が合弁で作った長銀ウォーバーグなど証券関連のいくつかの長銀子会社の株式を譲渡し、その支配権を渡すという契約があったという。

激しい空売りを浴びた長銀株は額面を割り込み、長銀が再建の望みを託してえりすぐりのスタッフを投入した証券部門は、契約に従ってスイス銀行に取り上げられることになった。

この展開に「空売りを仕掛けた中に、提携先であるはずのスイス銀行系列の金融機関があった」といううわさも流れた。真相は不明だが、確かにスイス銀行にしてみれば、債務超過の可能性が高い長銀本体の株式よりも、無傷の証券子会社のほうが魅力的ではあっただろう。

マーケットにはオオカミがいる。オオカミたちは体力が落ちて弱った獲物に目をつけ、容赦なく狩るのである。

金融再編戦略

合併問題の最中、よく「大変でしょう」と気遣われたが、ストレスで食欲がなくなるとか、そういった問題はなかった。

孤独な決断であれば憂鬱《ゆううつ》にさいなまれたかもしれないが、私の場合は独断専行でやっていたわけではなく、社内的にきちんとコンセンサス（合意）をとり、その上に立って交渉を進めていた。合併交渉を打ち切ったことで、その後、経営に何かマイナスが出たということもなかった。政治、役所との間にもとくにトラブルはなかった。もともと私は敵は作らない主義である。

一〇月一九日、合併交渉の打ち切りを決めた私は、日本経済新聞記者と会見し、「日本版金融ビッグバンに向け、都市銀行など決済業務中心の銀行とは違った、資産運用型金融機関をめざし、体制整備を急ぐ」という構想を明らかにした。

九八年度下期中に財務コンサルタントを中心に総合職の社員一〇〇人程度を個人部門にシフトし、三五〇人体制とするほか、資産運用総合口座、ラップ口座も手掛ける。

証券、保険などとリテール（小口金融取引）にかかわる部分で提携を検討。一方で法人取引は、住友グループ内での相互補完を進め、土地信託、コンサルティングなど不動産部門ではリーダーシップをとっていく。

私はかねて「金融機関の業務は三種類に大別できる」と言ってきた。決済業務、資産運用業務、投資銀行業務の三つだ。だが、これをすべてうまくやっていくことはあり得ない。

会社として投資銀行業務に興味を持っていた時期もあり、合併交渉当時、社内では長銀との統合後、この分野へ本格進出するかどうかが議論になっていた。長銀には優秀な人材がいるので、投資銀行分野、証券分野への進出は十分考えられた。

残念ながら統合が不調に終わったことで、当社は投資銀行業務、証券業務からは撤退することになった。

資産運用・管理に特化し、トップ信託銀行をめざす戦略に、経営方針を転換したのである。

次々と逮捕された経営陣

瑕疵担保条項という奥の手

九八年一〇月二三日、金融再生関連法が施行され、長銀の一時国有化が正式に決まった。約一年の公的管理の後、長銀は政府入札にかけられた。

私はそこで入札に名乗りをあげる気持ちはなかった。というのも、その段階に至ってもまだ、われわれには長銀の資産内容がよくわかっていなかったからだ。

政府は入札のときになっても、長銀の資産内容を完全にディスクローズしていなかった。内容が明らかでない以上、入札しようにも価格を決めることすらできない。いくら安く買ったとしても、蓋《ふた》を開けてみて債務超過であれば、負債を背負うことになってしまう。

二〇〇〇年三月、国有化された長銀は入札により米国の企業再生ファンド、リップルウッド・ホールディングスを中心とする投資組合に売却され、新生銀行と改名した。

譲渡価格は一〇億円。長銀を買収することになったリップルウッドは、正確な資産内容もわからずに、入札に手を挙げたことになる。おそらく、予想される範囲内で最も安い価格をつけたのだろうが、とにかく買収に手を挙げられたのは、彼らに奥の手があったからだった。

それが「引き継いだ債権が三年以内に二割以上下落したら、国に買い取り請求を行うことができる」という瑕疵《かし》担保契約だった。

これは法外な条件である。私はこうした条件がそのまま認められたことを、すぐには理解できなかった。米国資本だから認められた条件であろう。瑕疵担保条項を認めたのは、長銀の破綻処理で金融再生委員会のアドバイザリーに指名された米国の投資銀行、ゴールドマンサックスだった。

日本の銀行が同じ条件をつけようとしても、おそらく政府は「国会、世論が怖い」といった理由で飲まなかっただろうと感じる。

長銀を買収した投資組合は、瑕疵担保条項を活用して有効期限内に不良債権を一掃するために、そごうや第一ホテルなど、旧長銀がメーンバンクとなっていた企業を次々と倒産させていった。

国の損得

長銀処理のために投入された公的資金は、総計で七兆九〇〇〇億円に上った。政府の損失は、投入額のうち最終的にどれだけが失われたかを計算しないとわからないが、最終的な国民負担額は四兆円とも五兆円とも言われる。

銀行で不良債権処理に携わった経験から言うと、どんなに立派な会社であっても、清算してしま

う と負債は大きく膨らみ、処理コストは非常に高くつく。長銀の場合も最終的に国有化という形で経営の清算を行ったから、政府が負担した処理コストは必要以上に高くついてしまったと思う。

企業へのデューデリジェンスは、ゴーイングコンサーン（企業の永続性）を前提にしている。清算が決まれば企業価値は一気に落ちてしまう。何兆円の資産があったとしても、それは経営の継続を前提として初めて生きてくるものなのだ。

長銀については、株価としては額面すれすれまで売られていたけれども、それによって企業価値が縮小したということは、それほどなかったと思う。あえて破綻させて、一時国有化する必要があったかどうかは疑問である。

後日明らかになった金融監督庁の検査結果によれば、九八年九月末時点での長銀の債務超過額は三四〇〇億円とされていた。しかしその後の資産査定では、国有化の時点で債務超過額は二兆円を上回っていたとされている。

これから考えると、当時、宮澤蔵相が口にしていた一兆三五〇〇億円という金額では、長銀の不良債権をすべて処理することは難しかっただろう。一兆三五〇〇億円という前提で九〇〇〇億円の公的資金を追加投入して、それでも自己資本のぎりぎりのところだったから、不良債権の償却を二兆円やってしまうと、やはり債務超過になってしまう。

宮澤蔵相は後に個人的な会話で「七兆円も使ってしまって、あのときに住友信託に渡しておけば二兆円ぐらいで済んだかな」とおっしゃっていたという。

国有化の時点での債務超過額が二兆円だったとすれば、お言葉の通りである。たとえ「長銀救済のスキームではないか」と野党から追及されようとも、野党の国有化案を断固として拒絶し、経営継続を可能とする立法措置を講じていれば、長銀もファンドの手には渡らずに、より少ない国民負担で解決できたのではないだろうか。

金融監督庁が資産査定をすみやかに進めてくれれば、われわれとしても合併の可否の判断ができた。実際には基本的な判断材料が得られなかったので、決めようがなかった。

建前にこだわり続けた政府

長銀との合併問題について、私が最もひんぱんに電話で協議した政府・金融当局側の相手は、速水優《はやみまさる》日銀総裁だった。直接会った回数で言えば、日野正晴《ひのまさはる》金融監督庁長官である。

しかし私は、度重なる当局とのやりとりを通じて、この問題について世の中を動かしている実質的なリーダーは、野中広務官房長官と大蔵省の田波耕治《たなみこうじ》事務次官ではないかと感じていた。当時、大蔵省はいまだ国家運営の中枢にあったのだ。

残念だったのは、その中枢のお二人が金融を専門外としていたことである。

もし野中長官が「長銀には公的資金を入れても経営を継続させるべきだ。最終的にそのほうが国民負担が少なくなる」という確信をお持ちになっていたら、長銀は救われていたかもしれない。しかし長官は最後まで長銀救済の必要性を得心されず、この問題で積極的に動くことはなかったようだ。

その点、金融を専門とされていた宮澤蔵相は「長銀を破綻させたくない」という強い意志を国会でも、役所に対しても、われわれに対しても、再三示している。その後の日本経済新聞の「私の履歴書」でも、長銀問題について「今でも私は『住友信託に引き取ってもらうのが一番よかった』と思っているし、小渕《おぶち》さんもさぞかし無念だったろう」と書かれている。

ただ宮澤蔵相が、本当に住友信託との合併を通じて長銀を救済することを望んでいたなら、政治家としてやれることはまだあったはずと思う。

もう少し政治ががんばってくれたら、当社も異なる選択をしたと思うのだ。

当社は合併のための三条件として、第一に「正常債権のみの受け入れ」を打ち出していた。それは「住友信託は長銀の負債を丸ごと背負わされるのではないか」という市場の疑念を打ち消すために必要なものだった。

しかし現実問題として、すべてきれいな資産だけという銀行は存在しない。私は本音のところでは、「長銀の経営内容に十分な透明性があり、全体として当社にメリットが認められれば、不良債権込みでも合併していい」と思っていた。その条件で取締役会を説得する気持ちもあった。

だが小渕政権は「長銀が債務超過であるという報告は受けていない」「合併を前提とした不良債権処理のために公的資金を投入することはできない」という建前にこだわり続け、金融監督庁の検査結果も開示してはくれなかったし、最後は腰砕けの状態となって、長銀の破綻処理を前提とする野党案を受け入れてしまった。

この点、政府の対応には不満が残っている。

国策捜査

一九九九年六月、大野木克信元頭取など長銀の旧経営陣三名が、証券取引法違反容疑で相次いで逮捕された。直後には日本債券信用銀行の窪田弘《くぼたひろし》元会長らも逮捕されている。

東京地検特捜部が、破綻銀行の旧経営陣を標的として、捜査に乗り出したのだ。容疑はいずれも「関連ノンバンクに対する不良債権について、会計上、適正な損失処理を行わず、虚偽の有価証券報告書を提出した」というものだった。

この事件が最終的に決着したのは、二〇〇八年七月のことである。大野木氏らは、〇二年の一審で一度は有罪判決を受けたが、上告した最高裁で一審および二審の判決が破棄されたことで、無罪が確定した。

この件に関しては民事訴訟も行われている。長銀の不良債権を引き継いだ整理回収機構が、違法配当、関連ノンバンクや開発会社に対する不正融資を理由に、大野木元頭取をはじめとする旧経営陣に対し、総額約九四億円もの賠償を求めて提訴したのだ。

このうち一部については、「違法な会計処理ではない」として請求が棄却され、一部については和解が成立して、刑事事件と同じく〇八年にはすべての訴訟が終わった。

大野木元頭取が逮捕されたことをどこで目にしたか、はっきりした記憶がないのだが、おそらく時事通信あるいは共同通信の速報だったろう。この逮捕については、私は当時、強い憤りを禁じ得なかった。

元国税庁長官で日本債券信用銀行の会長を務めた窪田弘氏、日銀出身で一九九七年に頭取となった東郷重興《とうごうしげおき》氏の逮捕には、大野木氏の逮捕のとき以上に強い違和感があった。

お二人とも請われて日債銀に移ってきた人であり、はたしてどの程度、経営にコミットしていたのかと思う。とくに東郷氏はもともと国際派で、直前に頭取になったにすぎない。お気の毒としか言いようがない。

私は二〇〇八年のリーマン・ショック後に米国の金融界が危機に陥ったことについては、各銀行の経営トップにかなりの責任があると感じている。

米国金融界の経営者たちの行動は、日本の銀行の文化とはずいぶん違う。金融をマネーゲームの舞台にして、巨大利益と巨大報酬をひたすらめざすその文化は、日本にはなじまないものだ。

米国のリーマン・ショックと日本のバブル崩壊の事情は、決して同じではない。

大野木氏らが粉飾決算の疑いをかけられた一九九八年三月期決算は、大蔵省が不良債権処理のルールを変えた直後に作成されたものである。

本書で何度も触れてきたように、それまで日本の銀行は、各行の裁量で自由に不良債権の引き当て処理をすることができなかった。長銀と日債銀の不良債権処理ペースは確かに他行より遅れていたが、それは処理のための資本が不足していたからで、「違法な粉飾決算」とは、かなり距離がある。

スケープゴート、結果的に全員無罪確定

当時は「公的資金を受け入れた銀行経営陣はけじめをつけろ」という批判がメディアで盛んに流されていた。検察当局もその時流に乗って捜査に乗り出したのだろう。検察による立件には、大野木氏たちをスケープゴート（いけにえ）にして強引に犯罪者に仕立てようという意図が強く感じられた。それは明らかに検察による不当な権力行使である。

日本の銀行は金融危機を経験して、経営の健全性を高めるべく、バブル崩壊で発生した不良債権処理を積極的に進めてきた。その額は住友信託だけで二兆円に達し、日本の銀行全体では一〇〇兆円を処理している。

経営する銀行と関係者を救うために必死にがんばってきた人たちを、なぜ無理に犯罪者扱いしよ

うとするのだろうか。

私が逮捕されなかったのは、幸いにも住友信託がほかの銀行より不良債権処理で一歩先を進んでいたからにすぎない。

これは私だけの意見ではなく、当時の銀行経営者はみな、そう思っていたはずだ。しかしうっかり捜査を批判すれば、かえって被告人に不利に働く恐れがあるために、口を閉ざさざるを得なかった。

当時は「日本の銀行はけしからん」ということが時候の挨拶《あいさつ》のように言われていた時代で、「銀行経営者が何を言っても受け入れられない」という諦めの気持ちもあった。銀行の立場からいくら発言しても、無法地帯で法を説くようなものだった。

私は大手銀行トップの中では比較的イメージが悪くないほうだったと思うが、それでも不良債権問題についての発言は許されない雰囲気があった。

事件からおよそ一〇年ぶりに、全員の無罪がようやく確定したことは、同時代の銀行経営者として、これ以上はないほどうれしいことだった。

信託業務の拡充へ

今振り返ると、長期信用銀行法によって作られた長信銀という業態は、新しくなった経済構造の中に残されてしまった、古い枠組みだったと思う。

長銀問題にかかわった成果が一つあったとすれば、それは、それまで漠然と考えていた「金融再編」についての企業としてのスタンスが固まったことだ。

先にも触れたように、日本の金融界において合併、再編が必然的な流れであることは、長銀問題以前から認識していた。再編にあたっての方針も、抽象的にはなかったわけではない。

だが長銀問題を実地に経験したことで、当社の中で「再編はリスクがあっても挑まねばならない、必然的なテーマである」という基本認識が共有されるようになった。

再編についても、「本業である信託業務を拡充していくこと」が基本方針となり、それに加えて「収益力の向上」「マーケットからの評価の向上」という原則を掲げた。

再編は外部環境に左右されるし相手もあることなので、その都度対応が違う。だが長銀との合併交渉を経て、「信託事業の拡充・収益力の強化・マーケットからの評価の向上」という、再編についての具体的な判断基準が定まることになった。

第五章

竹中ショック

——過激な不良債権処理

第二次公的資金注入

世論は信用秩序重視へ

一九九八年一〇月、国会において、金融機関の破綻処理について定めた「金融再生法」、破綻《はたん》していない金融機関に資本を注入するための「金融機能早期健全化法」が相次いで可決され、一〇月二三日、日本長期信用銀行（長銀）の破綻申請が即日受理された。

長銀が日本政府により特別公的管理銀行として一時国有化される一方、金融機能早期健全化法に基づき、第二次公的資金注入が実施される運びとなった。

九九年の第二次公的資金注入については、初回に比べて有効に機能したという印象がある。

第一次の場合は、根拠となった金融安定化法の「公的資金を不良債権処理に使ってはいけない」という枠組みが、あまりにも実態とかけ離れていた。一〇〇〇億円を全行一律に注入するというやり方も、各行まちまちの経営の実態とかけ離れていた。

第二次注入の審査機関は、国家行政組織法三条に基づいて設置された「金融再生委員会」である。破綻処理などの強力な権限を持つ組織とされた。

このときには前年とは環境がずいぶん変わっていた。公的資金注入に対する国民の批判的な感情が影を潜めていたのである。

長銀、日本債券信用銀行（日債銀）の相次ぐ破綻で、前回の一〇〇〇億円レベルの公的資金注入では金融危機が収まりそうもないことが、誰の目にも明らかになっていた。

野党も金融国会を挟んで大きく方針転換していた。政界全体が「銀行はこれ以上潰さない」という方向に変わっていた。もともと自民党が出そうとしていたブリッジバンク案は、銀行の経営を破綻させず、株主責任も問わない法律だった。共同修正案のベースとなった野党案は、野党だった民主党の菅直人《かんなおと》氏が主導したもので、株主と経営者の責任を問う法律である。

責任を問われる中に長銀と日債銀が入った。だが立法の過程で、「長銀と日債銀は破綻させるが、そこまでで打ち止め。信用秩序を保つことを重視して、七〇兆円を用意し、残りの銀行は破綻させない」という方針が明らかになってきた。この七〇兆円という公的資金の枠組みについては、メディアによる批判もほとんどなかった。

メディアと国会における公的資金投入へのアレルギーは、九六年の住専問題から始まっている。三年前には住宅金融専門会社へ投入する六八〇〇億円で大騒ぎしていたのに、いきなりそれが「公的資金の枠を七〇兆円に拡大」という形に逆転してしまったのだ。とても同じ国とは思えない変わりようだ。これはなぜだろうか。

アメリカの影響力

私は「日本の世論を逆転させたのは米国である」と考えている。一九九八年当時、日本発の金融危機が世界経済を揺るがすことを警戒する米国からは、日本政府に対して盛んに銀行に公的資金を注入せよという働きかけがあった。

米国は市場原理、自由競争の国と思われているが、銀行に関してはその限りではない。むしろ「金融機関が危なくなったら、早く公的資金を入れて立ち直らせろ」という立場である。二〇世紀に入ってからは、金融危機のたびに、ずっとそのやり方で処理してきている。

二〇〇八年のリーマン・ブラザーズの経営危機のときにもその思想は続いていたが、このときは珍しく助けなかった。「銀行ではなく証券会社であるから、倒産しても問題ない」と判断したのだろう。しかし実際に破綻させてみると予想外に悪影響が大きかったので、以後は銀行はもちろん、証券会社ですら大手は潰していない。「銀行の責任ばかり問うても仕方がない。それより公的資金を入れて、不良債権問題を早く処理しろ」というのが、米国政府の考え方であり、日本国内の報道にもそうした意見が紹介されるようになった。

訪米した政治家も同じことを言われ続けていた。小渕恵三《おぶちけいぞう》総理も野党案丸のみの直前に訪米しているが、おそらく同じことを言われて帰ってきているはずだ。

そうこうするうちに「公的資金投入などとんでもない」と言っていた世論が、「公的資金の注入こそが正しい処方である」という方向に、いつの間にか逆転してしまったのである。野党提案の「公的資金七〇兆円枠」も、思想的には米国型のバックアップスキームといえる。

第二次公的資金注入へ

一九九九年に入ると、都銀の再編の動きが信託銀行業界にも及び、かつての三菱、住友、三井、安田、中央、東洋の六社体制はゆらぎ始めた。

安田信託は九九年一月、富士銀行の子会社となり、東洋信託も同二月、三和銀行の傘下に入った。

九九年初めから、金融再生委員会による資本注入の審査が始まった。

委員長には小渕内閣の柳沢伯夫《やなぎさわはくお》金融担当相が就き、経済、司法、金融、監査の各界から委員四人が集められた。事務局長は後に金融庁長官となる大蔵省（現財務省）出身の森昭治氏だった。

一回目の注入で先陣役を果たした東京三菱銀行は、今回は申請しない方針を示していた。しかし当社は公的資金を「要らない」と言える状況ではなかった。

不良債権処理のコストが膨らみ、九八年度の決算は、最終的には一〇七一億円の赤字となっていた。次年度も財務は厳しい状況が続くと予測された。住友信託銀行における不良債権の処理費用は、九七年度が三五八一億円、九八年度が四一五六億円で、高原状態が続いていた。

それまでなら奥の手として使えた保有株式の売却にも頼れなかった。市況の問題もあって、この年の当社の株式売買の損益はプラス五〇億円にとどまっている。株式市況が悪かったし、このころ、大蔵省銀行局は「株の売却益に安易に依存するな」と指導していた。

こうした状況であったので、たとえほかの銀行に比べて優良と言われても、「まだまだ財務的に厳しい」というのが、社長としての認識だった。公的資金を導入しない選択肢は考えられなかった。

第二次の公的資金注入では、審査は銀行ごとに採点され、その結果によって注入条件にも差がつくことになっていた。経営が優良な銀行には良い条件、悪い銀行には悪い条件がつけられる。ランクによって公的資金の利回りも変わる。

金融再生法の条文には「財務内容によっては破綻処理する」とも書かれていた。長銀と日債銀の破綻の直後であり、各銀行とも審査に対しては相当な危機感があった。

銀行側は再生委員会より、審査のための再建計画を作るよう指示されていたが、委員会は審査基準を教えてくれない。そこで各行とも、何をすれば点数が高くなるのか、金融監督庁（現金融庁）に盛んに探りを入れることになった。

こういうときには、当局とのパイプ役となる各銀行の担当者の情報収集力が問われることになる。当時まだ残っていたＭＯＦ（大蔵省）担の腕の見せどころだ。

担当者が持ち帰った情報によれば、ポイントとなるのはたとえば、「厚生施設や不良固定資産の処分を済ませているか」というようなことだった。住友信託はいち早く厚生施設や不良固定資産の処分に手をつけていたこともあり、評価は上々で、審査ランクはトップクラスだった。

このときの審査では、当社よりも財務的によかったのではないかと思われる銀行が低い評価を受けて、金融再生委員会とぎくしゃくするシーンもあったと聞く。それは当社の情報収集がよかった結果だと思う。

銀行トップに面接試験

第二次公的資金注入にあたっても、経営トップに対する面接があった。

面接するのは金融再生委員会で、柳沢委員長、森事務局長以下、五人ほど。

金融再生委員会の柳沢委員長は大蔵省出身で、私は社長就任前にお会いしたことがあった。信託制度にも関心を持っておられ、民間銀行とのコミュニケーションもスムーズだった。

このときは各社、社長一人が二、三回呼び出され、面接を受けたのだが、場所は各所を転々としていた。銀座の第一ホテルの会議室に呼び出され、「何でこんなところに?」と聞くと、「マスコミがうるさいので」ということだった。最後の面接会場は、霞が関ビル内の会議室である。

私はそれまで、政治家も当局も信託制度への理解がほとんどないことが気になっていた。そこで金融再生委員会の最後の面接の際、事務的な質問の後で、「信託制度について説明したいので、一

○分ほど話をさせていただけないか」と頼んでみた。
「どうぞ」という答えだった。

お言葉に甘え、その場を借りて「信託とはこういうものだ」という短い演説をさせていただいた。

要約すれば、以下のような内容である。

信託というのは、財産を管理・運用するための法的な枠組みであり、その源流は中世の英国にまでさかのぼる。信託制度はその後米国に伝わり、資本主義の発展とともに商業信託として花開くが、明治後期になって日本にも導入された。日本で商業信託について法的整備が行われたのは、信託法と信託業法が制定され、免許制がとられた大正一一年（一九二二年）のことである。

ただ、日本における信託制度は欧米と異なり、導入後、独自の発達を遂げてきた。

とくに戦後、信託業務は銀行業務と兼営する形で、強固な信用基盤を背景に営まれたことから、信託業界は、金銭に関する業務にとどまらず、不動産や年金、証券などの業務分野においても高度な専門性を発揮し、財産の管理・運用に関するプロとして、国民の信頼を得ながら日本独自の形で発展を遂げてきた。同じ信託制度といっても、日本の財産制度や国民の財産についての考え方を背景に成長、発展してきた日本の信託制度に類似した制度はなく、欧米の例をもって日本の信託制度を律することはできない。

信託業界が各分野でこれまで培ってきた専門性が、日本経済にとって有益であることをご理解いただき、金融再編によってこうした特色が損なわれることのないよう、お願いしたい。

ざっとこのようなことを説明し、面接を終えた。

面接の後、会議室を出ると「はい、こちらへ」と誘導され、行ってみると記者会見場が設置されていた。そこで各行が順番に記者会見を行った。

そのようなことで、審査といっても当社の場合、なごやかなものだった。

不良債権処理七合目

第二次公的資金注入では、主要銀行一五行に対し総額七兆五〇〇〇億円が投じられた。住友信託でも二〇〇〇億円を導入した。

九九年三月に九八年度の決算があり、その直前に公的資金が注入されている。

当社では九八年度に行った四一五六億円の不良債権の償却による自己資本比率の低下の一部を公的資金で補えることになった。おかげで必要な不良債権処理を行って、なおかつある程度前向きな施策が可能になる水準の自己資本を確保することができた。翌年度のことを考えると、この時点での不良債権処理が有効に機能したと思う。

九九年四月から始まった九九年度の不良債権処理費用は一五〇〇億円と、前年度に比べて大きく減ることになった。聞かれた記憶はないが、当時もし質問があれば、「不良債権処理は七合目ぐらいまで来た」と答えたと思う。

マスタートラスト制度の導入

郵貯とのATM提携

一九九九年当時にもう一つ話題となったのが、郵政公社とのATM（現金自動出入機）提携である。

「郵貯」事業をベースに金融業務への参入を求める郵政公社に対して、全国銀行協会（全銀協）など銀行業界は「郵貯は不当に優位な立場にあり、その業容拡大は民業圧迫である」として、一貫して反対を表明してきた。郵政公社が要望していた、資金決済を行うための銀行間ネットワーク「全国銀行データ通信システム（全銀システム）」への参加も、民業圧迫を理由に拒んできた。

郵貯はその貯金残高が、大手都銀の全預金残高に匹敵するほど巨大である上に、貯金元利の支払いに政府の「暗黙の保証」がつき、法人税、事業税、固定資産税などの国税、地方税および預金保険料が免除されている。郵政公社が全銀システムに参加すれば、郵貯と全国銀行との間で自由に送金したり、決済したりすることが可能になる。それでは郵貯が強くなりすぎる、というわけである。

銀行側の反対により参加を拒否された郵政公社では、個々の銀行との間でATMの提携を拡大する方針に転換した。預金者がその都度、一定の手数料を払うことで、提携先のATMからも預金の引き出し、預け入れができるようにするものだ。これだけでも預金者の利便性は大きく高まる。

自前のATM網が少ないわれわれ信託銀行にとっては、全国を網羅する郵貯のネットワークは魅力である。そもそも郵貯のネットワークは税金によって整備された、国民の共有財産である。それは国民の利便性向上のために活用すべきものであって、何も遊ばせておくことはない。

そうした考えから、住友信託は九九年一月、東海銀行、大和銀行などと同時に、銀行として初めて、郵政公社との間でATMの提携に踏み切った。

最初にやったために注目を受けたが、その後、大手銀行のすべてが郵政公社とのATM提携に応じたことを見ても、当然の選択であったと考えている。

ただ当時の全銀協の会長行であった東京三菱銀行の経営陣などが、苦々しい思いで見ていた可能性はある。東京三菱が郵政公社とのATM提携に踏み切ったのは二〇〇四年で、大手銀行では最後のことだった。

日本トラスティ・サービス信託銀行設立

一九九九年一一月九日、都内で開かれた記者会見で、私は「大和銀行との間で、新銀行設立に向けて提携を進める」ことを発表した。

この提携は、両行の経営そのものの統合をめざしたものではなく、資産管理業務を抜本的に強化するために別会社をつくるという形だった。資産運用・管理業務に強みを持つ専業信託として、都銀と差別化を図るための選択である。顧客から資産の運用・管理・処分を任される信託業務は、成熟経済時代の金融サービスに不可欠な存在だ。しかし個々の信託銀行は金融自由化の流れの中で、厚い顧客基盤を武器に勢力を増す都銀に対し、守勢に立たされていた。

こうした中、信託業界の存在意義を占うビジネスとして急浮上してきたのが「マスタートラスト」制度である。

マスタートラストとは、複数の運用先に分散している年金などの資産の管理を一元化する仕組みだ。それにより顧客は資産の運用状況を把握しやすくなる。米国で先行していたが、国内でも厚生年金基金連合会（現企業年金連合会）などの機関投資家が、同制度の導入を強く求めていた。

マスタートラストを担うためには、的確な運用実績や分析情報が提供できるシステムの構築と、市場シェアがカギとなる。寡占的なシェアを持つ銀行が市場で圧倒的な優位に立てるのだ。

新銀行の名前は「日本トラスティ・サービス信託銀行株式会社（ＪＴＳＢ）」と決まった。

年金信託トップの大和銀と三位の住友信託が手を組んだことで、ＪＴＳＢの年金の受託残高は、設立を発表した時点で一一兆円に達する見込みとなった。

実はマスタートラストの件で大和銀行に提携を持ちかけたのは、われわれより三菱信託銀行が先だったようだ。

九九年初めのことで、その動きを察知したわれわれも、春ごろに大和銀行との接触を始めた。大和と住友信託の専務クラスが提携に向けて協議し始めたのがこの年の八月。九月初めには社長である私が、大和銀行の海保孝《かいほたかし》頭取と話し合いを持った。そこで信託事務の将来性に対する認識が一致したことから、提携合意へ進んだものだ。

ここまでは順調に進んだ提携だったが、一〇月二〇日過ぎ、状況が変わる。

東海・あさひ・大和が連合協議

東海銀行の小笠原日出男《おがさわらひでお》頭取と、あさひ銀行の伊藤龍郎《いとうたつろう》頭取が、一年後に共同持ち株会社を設立することを発表。メディア各社とのインタビューにおいて「大和銀行にも入ってもらいたい」と発言したのである。

東海・あさひの連合の協議には当初、大和銀行も加わっていた。だが大和銀行の不良債権比率の高さが伝えられ、途中で参加拒否されてしまったという経緯があった。それが一転して参加を呼びかけられたことで、大和銀行の内部で「東海・あさひ連合への参加に向けた協議を優先すべきだ」という声が強まり、当社との提携話は延期されそうな様相になってきた。

しかし一一月初め、再び情勢が変わる。三菱信託が、今度は生保業界で年金受託トップの日本生命保険と、マスタートラストについての提携交渉を進めていることが明らかになったのだ。

危機感を抱いた大和銀行は、交渉の優先順位を「東海・あさひ」から「信託提携」に切り替え、以後は一気に交渉が進むことになった。

住友信託が大和銀行と組む一方で、三菱信託銀行は報道された通り日本生命保険との連携を決めた。以後、マスタートラストについてはこの二グループが再編を主導する形となった。

より大きいほうが規模のメリットが出るし、業界標準の地位を確保したくもあったので、われわれも三菱信託・日生グループも「他行からの参加希望があれば前向きに検討する」と表明していた。三菱信託側は、同じ三菱グループの明治生命や東京三菱銀行傘下の日本信託銀行に参加を呼びかけていた。

大手都銀の合併が相次ぐ中で、市場では東京三菱銀行と三和銀行の動きが注目されていた。これに伴い「三菱信託は、都銀の動向をにらんで三和系の東洋信託銀行への接触を図るのではないか」との見方が出ていた。

われわれ、大和銀行・住友信託グループ入りする可能性が高い候補としては、まず翌二〇〇〇年春に合併で誕生する予定の中央三井信託があった。

これに先立って住友銀行とさくら銀行の合併表明があり、住友グループと三井グループの距離が近くなってきたことが、その背景にある。

この分野で第三グループとなっていた、第一勧業富士信託銀行にも参加を呼びかけていた。銀行からも「証券管理を一括して任せたい」という声が出る可能性があると見て、営業活動を展開した。形としては、共同事業者として資本参加する方法と、顧客として参加する形の二通りが考えられる。実際は資本参加による経営への参画を希望する金融機関が多かった。

中央三井信託は、〇二年九月、持ち株会社である三井トラスト・ホールディングスが新信託銀行に資本参加するという形で、われわれのグループに合流することを決めてくれた。

安定から発展へ

二〇〇〇年一月二八日。私は社内で新しい世紀における経営の方針について説明し、「安定から発展へ」という言葉をスローガンに掲げた。

「今般のバブル崩壊は、戦後の信託会社の倒産危機に次ぐ危機である。二兆円を超える不良債権処理をして、ここまで来た。当社の行く末はまだ峻厳だ」

「リストラ（事業の再構築）モードから脱出して前向きな職場にしよう。新たな成長路線に入ろう」

そう呼びかけた。

文言としてはやや厳しいが、今になって読み返すと、「ここまで来た」と過去形で述べているところに安心感がのぞいている。私が社長に就任した一九九八年ごろには、日本の金融界全体が資産デフレ（物価下落）の怖さをまだ深刻に捉えていなかったように思う。

その中にあって住友信託は、年金の運用などを通じて、この問題について敏感になっていた。私自身も就任の時点で、当社の融資先が建設、不動産、流通のいわゆる不況三業種に偏重しており、経営の根幹を揺るがす問題になりかねないことに強い危機感を抱いていた。そこで他行に先駆けて保有株式の売却を進め、その売却益を原資として不良債権処理を早期に実施していったのである。

土地や株については、売却すれば値下がりのリスクからは逃れることができる。その一方、整理してしまうと資産価値が反発したときには利益を取り損なう。どちらを取るかは経営の選択の問題だ。私は多くの銀行が資産の処分に積極的でなかった時期に率先して整理を進めたが、結果的にその判断は間違ってはいなかった。

九八年当時の株価は日経平均で一万四〇〇〇～一万五〇〇〇円であり、早めに売却を進めたことで、それだけ資産デフレによる痛手を抑えることができた。その後も株式保有リスクの低減を図るべく、保有株式の削減目標と計画を掲げ、着実に実行してきた。

二〇〇〇年三月決算における不良債権処理見込み額は、土地の値下がりによる担保価値の下落や取引先の格付けの低下などがあり、計画値を上回っていた。しかし保有株式をかなり売却したこともあって、当期利益は九七年三月期以来久しぶりに三〇〇億円の黒字になった。

不良債権処理にめど、経営改革に着手

二〇〇〇年度以降の不良債権処理額は、比較的小さな額で収まる見込みが立っていた。

この期の決算処理が終わるころには、経営危機の心配はかなり遠ざかり、不良債権処理も先が見えたという安堵《あんど》感が出てきた。

大和銀行と共同で設立する新信託銀行ＪＴＳＢは、この年の一〇月に発足する予定だったが営業努力が功を奏し、発足時の受託資産は四七兆円強にまで伸びそうな見込みだった。私はさらに生命保険会社などにも声をかけ「二〇〇一年中に受託資産を一〇〇兆円に伸ばす」という目標を掲げた。

本業の信託業務では、前年に始めたテレフォンバンキングに続き、二〇〇〇年にはインターネットバンキングを始め、顧客から見たアクセスのチャネル（経路）を多様化していった。

前年にコストの安い小型店舗二店を試験的に駅ビルに開設していたが、結果がよかったことから、二〇〇〇年春にも同様の店舗を大阪府堺市と京都府長岡京市に一店ずつ出店することにした。

信託銀行はかねて店舗の少なさが弱点とされてきたが、再編の時代となると、逆に店舗の少なさが武器にもなってくる。不採算店を閉めるという後ろ向きの作業抜きに、新規出店に全力を傾注できるからだ。

私は競争力強化を進めるため、年功序列を排し、仕事の内容に応じた人事・処遇を取り入れるこ

ととした。

その一方で社員の人格や多様化するライフスタイルを尊重し、個人競争で敗者を作るのではなく、部門間で競争を促す事業部制を四月から導入した。

事業部制は縦割りの弊害が起きやすい組織だが、利益にこだわるときには有益だ。その後、廃止したけれども、当時はそうも言っていられない状況だった。

よく「縦割りの弊害」という。官庁の縦割り組織の中で、政治家のリーダーシップが発揮できないというのだが、私に言わせれば、組織は縦割りが当たり前だ。

組織を作る以上、「これをやれ」という目的がある。そのためにマニュアルを作って、その通りやっていくのが組織である。組織としての目的が違う以上、組織と組織の間には、どうしても壁ができる。

それは当然のことで、たとえば銀行で審査部を作ったのに、そこが営業部と「仲良くやりましょう」と言って、やたらに甘い審査をやられたら、何のために作ったのかわからなくなってしまう。

審査は審査で、営業とケンカしてでもきちんと仕事をやってもらい、その上で何か高度な判断が必要であれば、審査部の判断にかかわらず、経営トップが各部署の頭越しに決定すればいい。それが正しい組織の運営だと思う。

問題は組織が縦割りであることではなくて、縦割りになった組織を統合すべきトップに、必要とされるリーダーシップがないことなのだ。

こうした努力の結果、経営状態は確実に改善に向かっていた。一九九九年の段階では公的資金の注入によって経営の安定化を図ることができたが、二〇〇〇年に入ると、「企業としての自立を回復するために、できるだけ早く公的資金を返済したい」と考えるようになっていた。

信託独自路線を継続

二〇〇〇年四月、小渕恵三首相が倒れ、森喜朗《もりよしろう》内閣が誕生した。

この月は信託銀行業界で再び再編の風が吹いた月でもあった。

同年四月一日、中央信託銀行と三井信託銀行が合併して、中央三井信託銀行が誕生した。

同年四月一九日には三菱信託銀行が日本信託銀行などを吸収合併した上で、東京三菱銀行と持ち株会社を設立することを発表していた。実質的な経営統合である。

一九九九年初めから始まった一連の信託銀行再編の動きで特徴的なのは、都市銀行グループとの連携強化だった。東京三菱銀行と三菱信託銀行の統合は、三年前だったら、まったく予想できなかったことだ。信託銀行にとって、都市銀行グループの巨大な顧客基盤が加わることは大きなプラスという見方があり、都銀と信託の統合が一つの流れとなっていた。

当時はまだ三メガバンク体制ではなく、大手銀行で形成される金融グループは大きく四つ、大和・あさひ連合を含めれば、五つのグループに集約化された。その中に信託も取り込まれていった。

こうした業界の流れの中で、住友信託は唯一、独自路線を堅持していた。同じ住友グループの住友銀行とは一定の関係を保ちつつ、信託業界の中での連携を探るという戦略をとってきた。その点では住友銀行もわれわれの立場を尊重してくれていた。

住友銀行とさくら銀行が当初の予定を一年早めて二〇〇一年四月に合併し、三井住友銀行が誕生することが発表されると、市場は住友系列の住友信託と三井系列の中央三井信託も経営を統合するものとみなし始めた。

三井住友銀行の合併前倒しが発表されるや、合併期待から住友信託の株価まで跳ね上がり、三菱信託を逆転して信託業界のトップに立つことになった。

しかし私は「われわれは従来通り独自路線を継続し、行内の自己変革に力を注ぐ」と言い続けていた。

東京三菱銀行と三菱信託銀行がそうしたように、同じ企業グループに属する金融機関がワンセットになることがベストだとは、私は考えていなかった。

一つの会社となることで、顧客や株主にどんな利益があるのだろうか。持ち株会社にぶら下がる形をとると、信託銀行としては非上場になる。つまり上場企業として市場から直接評価・監視され、適正規模を追求する立場は捨てねばならない。

当社の経営のメーンはあくまで信託業務であり、その強化を考えこそすれ、バンキング業務を広げることは考えていなかった。

独自路線を標榜《ひょうぼう》できるのは、経営に余裕が生まれたおかげでもあった。

二〇〇〇年四月には、すみぎん信託銀行株式会社の全株式を住友銀行から、大和インターナショナル信託銀行株式会社の全株式を大和証券グループ本社から、それぞれ取得。両行を完全子会社化した上で、八月に吸収合併した。

業績が好転したことで足元の流動性にも余裕が生まれ、それによって買収戦略も展開できるようになってきたのである。

この年、二〇〇〇年七月一日、金融監督庁が金融庁と改称された。

第三の創業

二〇〇〇年は当社の創業七五周年にあたっていた。

私はそれにちなんで、第三の創業という意味を込めた「創業ファンド」を別枠でつくった。不良債権処理、リストラ、経費削減といった後ろ向きの経営目標だけに目をとらわれてしまうと、必要な先行投資さえやらなくなってしまう。新たなファンドの創設は、社内の人々の目を未来に向けさせるための試みだった。

当社がキャンペーンとして募集した「六〇歳のラブレター」は、このファンドをつくったことで実現した企画だ。

これは五〇歳以上の夫婦を対象に、「夫から妻」「妻から夫」への、今だから言える感謝の気持ち、素直な一言を一枚のはがきにつづって、当社あてに送っていただく、というキャンペーンである。いただいたはがきは単行本化され、ベストセラーとなった。

〇一年の時点で、当社の粗利益に占める手数料ビジネスの比率は二八％に達していた。これは当時、一部のメガバンクグループが五年後の目標として掲げていた水準である。

私は社長に就任してからの三年間で、本部要員を四〇％も減らしていた。本部組織を徹底的にスリム化し、戦略事業への人材投入を進め、収益構造を根本から変え、メガバンクに伍《ご》して存在感を出していかねばならない。そのために〇一年下期からは資産受託事業、不動産事業に思い切って人材をシフトしていった。

今後は資産流動化、財産管理などの専門的ニーズ対応をさらに強化し、五年後には手数料比率を全体の五〇％にまで引き上げ、強靭《きょうじん》な財務体質を確立する計画だった。その過程で、二〇〇四年度までに公的資金を返済しようと考えていた。

私にとっては強靭な企業体質の確立こそが経営の最重要課題だった。勝ち組となるには経営効率の優位性を堅持することが必要である。幸いこの命題は、次第に形になりつつあった。

竹中金融相による金融再生プログラム

竹中ハードランディング路線

二〇〇一年四月、森喜朗首相が退陣、小泉純一郎《こいずみじゅんいちろう》政権が発足した。小泉政権は新自由主義的な経済運営を標榜し、規制改革を進めた。〇二年二月一日には、都市銀行などの信託業務兼営が認められ、信託代理店制度の拡大が図られた。信託銀行側から見れば、銀行間の垣根が完全に取り払われたことで、いよいよ本格的な競争時代に突入したことになる。

その一方で各銀行の経営体質は決して強固とは言えなかった。一九九〇年代を通して日本経済の大きな重しとなってきた不良債権問題は、小泉内閣にとっても最大の課題となっており、米国からの圧力もあって、〇二年ごろになると、公的資金による大手行の資本増強論が再燃していた。

この段階で公的資金を再投入する目的は、それによって銀行の不良債権処理を加速させ、たとえ多くの過剰債務企業を清算することになったとしても、銀行の資産に占める不良債権比率を低下させることにあった。いわゆるハードランディング（強行着陸）論である。

閣内では銀行への公的資金の再投入に反対する柳沢伯夫金融相と、推進論の竹中平蔵《たけなかへいぞう》経済財政相が対立していた。

小泉首相は〇二年九月の日米首脳会談において、不良債権問題の早期解決を求める米国側に対し「小泉内閣の最大の仕事は経済再生。不良債権処理を加速させる」と宣言。柳沢金融相を更迭し、竹中経済財政相に金融相を兼務させる決断をする。

竹中新金融相は、不良債権問題の解決のために「金融再生プログラム」を策定することを宣言。KPMGフィナンシャル代表であった木村剛《きむらたけし》氏など、民間人五名、金融庁職員六名から成る「金融分野緊急対応戦略プロジェクトチーム」をつくり、プログラム作成に取りかかった。

私は竹中平蔵氏とは、同氏が若いころ、日本開発銀行から大蔵省に出向していたときからの知り合いである。後に竹中氏が総務相になられてからも、依頼されて「信書便に関する研究会」の座長を引き受けている。お互い、信頼しあう関係だったと思う。

外国誌の取材に対し「四大銀行グループといえども、破綻させるには大きすぎるとは考えない」と答えるほどのハードランディング論を採る竹中金融相の登場は、市場に「竹中ショック」と呼ばれる激しい動揺を引き起こした。

「竹中氏が『危ない五一社リスト』を作成した」「建設・不動産からは六社がいけにえになる」と

いった、根拠のないうわさが飛び交い、取引銀行から債務放棄などの金融支援を受けた企業の株価は暴落。みずほホールディングス、ＵＦＪホールディングスなど、財務内容に不安があると見られた銀行の株価も急落した。

一〇月二二日、銀行には事前の説明がないまま、プロジェクトチームが作成した中間報告案が自民党臨時役員会に諮られ、竹中金融相がその内容を自民党幹部に説明した。

そこで報告された中間案の内容が新聞紙上で報道されるに至り、銀行界は大騒ぎになった。報道されたプログラムの内容には、それまでの銀行経営の常識を外れるものがいくつも含まれていたのだ。中でもとくに問題とされたのが、

「繰延税金資産の算入上限を、資本金などの中核的な自己資本の一〇％以内か、一年分の税効果資本の増加分のうち、どちらか小さいほうまでとする」

「それによって自己資本不足に陥る銀行には、公的資金による資本増強を実施する」

という二点だった。

これは銀行から見れば、言語道断な内容である。

焦点となった繰延税金資産

なぜ銀行にとって問題なのか。まず繰延税金資産について解説しておこう。

これは会計、税務上の技術的な問題になるので、かいつまんで言う。

銀行がある取引先の内容が悪いと判断すれば、貸倒引当金を積むのが一般会計のルールであるが、以前はこの場合も、大蔵省銀行局におうかがいを立て、了承を得てからやりなさい、となっていた。

それが一九九七年の大蔵省通達で、「銀行は厳密な自己査定を行い、税金を払ってでも引き当てをしなさい」と、銀行の不良債権処理を進める方向に舵《かじ》を切ったのである。

銀行にすれば、取引先の破綻などで損失が確定すれば、過去に払った税金は、「いずれ戻ってくる資産」とみなすことができるし、当局もその部分を自己資本の一部として認めたのである。

もちろん、将来銀行に利益があることを前提にするので、不確定な資産ではある。

竹中チームは、この脆弱《ぜいじやく》な資産が多額に自己資本に算入されていることを問題視したのであるが、そもそもこれは、当局が不良債権処理を進めるために作った制度である。自分で作っておいて、作った側が問題視するのはおかしい、ということになった。

このころ、日本では地価下落による融資先の経営不振が継続しており、各銀行とも多額の引当金を積んでいたため、自己資本に占める繰延税金資産の割合はかなり高かった。二〇〇二年三月末の時点で、国際統一基準行の中核的自己資本一八・三兆円のうち、繰延税金資産額は七・二兆円と、四割近くを占めていた。

これを自己資本に算入することが認められなくなると、銀行の自己資本比率は大きく低下してしまう。

銀行の自己資本比率が低下すると、何が問題なのだろうか。

世界の銀行は、各国の中央銀行を株主とする国際決済銀行（ＢＩＳ）の中にある、バーゼル銀行監督委員会が定めたルールにより、国際的な取引について規制を受けている。これがバーゼル合意（ＢＩＳ規制）である。

このバーゼル合意では、貸出額に占める自己資本の割合が八％を下回る銀行は、財務の健全性に問題があるとして、国際的な取引を認めないことになっている。

もし新聞発表されたように、繰延税金資産の中核的自己資本への算入を一〇％以下に限ると、大手銀行で最も自己資本比率の高い三菱東京フィナンシャル・グループでさえ、自己資本比率八％を下回ってしまう。

当然、そのほかの大手銀行もすべて八％を割り込むことになり、国際業務を停止するか、市場で新株を発行して増資するか、公的資金の再注入を迫られることになる。

この草案は、当時ＫＰＭＧフィナンシャル代表で、後に日本振興銀行の社長となり、銀行法違反で告発されることになった木村剛氏、あるいは伊藤達也《いとうたつや》金融担当副大臣が書いたのではないかというわさだった。

行政、税制の矛盾の矛先を銀行へ

竹中チームが作成した金融再生プログラムの内容は、米国の法制度を参考にしたものと見られていた。米国では日本に比べ、繰延税金資産の自己資本への参入が制限されていたからである。その一方で米国では、不良債権の貸し倒れに備えて積み立てた引当金は、税法上、ほとんどが損金扱いとなっていた。

無税引き当て、つまり引き当てを行った瞬間に、それは税法上、現実に被った損害と同じとみなされ、その分だけ法人税などが減額されるのである。当然、繰延税金資産は発生しない。もし米国と同様に自己資本への繰延税金資産算入の制限を導入するのであれば、同時に貸倒引当金の無税引き当ての範囲を米国並みに広げるのが筋である。しかし新聞報道された金融再生プログラムの中間案には、それについての記述はまったくなかった。銀行界からは「竹中氏は米国の税法をちゃんと調べていないのではないか」という批判の声が上がった。

税法を変えることなく、繰延税金資産の割合を引き下げる方法は、銀行が不良債権の「直接処理」を進めることである。

不良債権とは、利子を延滞あるいは減免しているような、返済困難と見られる融資をいう。これに引当金を充て、会計上で損金扱いとすることを「間接処理」と呼ぶ。

これに対して直接処理とは、融資先の企業に融資全額の返済を迫り、払えない場合はその企業を倒産させ、清算してしまうことだ。

現実に倒産させてしまえば、わざわざ引当金を使って会計処理しなくとも、すぐに損害が確定する。その期の利益が減り、税金も減る。繰延税金資産も発生しない。

竹中金融相配下の竹中チームはどうやら、「銀行が不良債権の直接処理をせず、死に体の企業を延命させ続けていることが、日本の景気低迷を長引かせている」と考えているようだった。

そこでバーゼル合意の自己資本規制を利用して、銀行に無理やり不良債権の直接処理を迫った。すなわち利子の支払いを延滞している経営不振の企業に融資している銀行に、融資の返済を迫らせ、そうした企業を片端から倒産させてしまおうと狙ったのである。

このような過激な内容のプログラム草案がいきなり新聞に大きく出たことで、銀行業界は「けしからん」と色めきたった。

竹中大臣、大手一二行トップ呼び出し

竹中金融相もこの騒動はさすがにまずいと思ったようで、大手銀行のトップに声をかけた。

二〇〇二年一〇月二三日午後、私を含めて大手一二銀行のトップが、「不良債権問題についての意見交換のため」という名目で、東京・霞が関の合同庁舎九階にある金融庁に呼び出された。

おそらく作成中の金融再生プログラムについての説明があるものと思われた。集まった各銀行の首脳に対し、竹中金融相は「あの新聞報道については、私はあずかり知らないのです」と釈明した。確かに、報道そのものにはかかわっていないのだろう。続いて「不良債権処理のスピードをもっと上げないと、諸外国の信任を得られません」と持論を述べたが、各行トップには反発の色が濃かった。

銀行業界では、ハードランディング論者である竹中金融相が、過激な不良債権処理に耐えきれない銀行の国有化も視野に入れているのではないか、と警戒していた。

長銀や日債銀の破綻処理では、国有化した後で入札にかけ、リップルウッドやサーベラスといった、米国のファンドが買い取ることになった。これは国民には好評ではなく、入札に応じたファンドも「ハゲタカファンド」と言われて反感を買っていた。政界でも金融界でも「ああいう手法はやはりまずい」という雰囲気になっていた。

そういった状況でいきなり「不振企業は片端から倒産させてしまえ。できない銀行は国有化する」と取られかねないプログラムの内容が出てきたことで、「竹中氏は欧米資本の意を体しているのではないのか」という疑いの声が、メディアでも銀行界でも上がっていた。

私自身はそうは思っていなかったが、確かに「いつまでも不良債権問題を引きずっていないで、さっさと清算してしまえ」という金融再生プログラムの発想は、米国的な匂いを感じさせるものではあった。

米国はもともと、スクラップ・アンド・ビルドの思想がはっきりしている国である。それは雇用と解雇の方法などに端的に表れている。

日米では雇用調節の仕方が基本的に違っていて、米国では景気が傾けばすぐに大量に解雇してしまうが、日本では解雇はせずに給料を下げて対応する。そういう違いがあるので、米国では景気が悪いときは極端に悪いが、回復するときは一気に上昇する。

ただそれは考え方の違いであり、「これが世界の標準だ」と言われると違和感がある。世界的に見れば、むしろ米国のほうが異質であろう。日本と欧州は近い面がある。少なくとも私は、欧州の人の口から「融資先を倒産させてもいいから、早く不良債権を処理しろ」などという言葉が出たのを聞いたことがない。

このときの意見交換では、金融相から金融再生プログラムの中身についての説明はほとんどなかった。銀行側には「やはり新聞に書かれている通りにやるつもりでは」という懸念が強まった。

七首脳合同記者会見

二日後の一〇月二五日夜、有力銀行のトップが再び金融庁に呼ばれた。

今度の顔ぶれは全国銀行協会会長の寺西正司《てらにしまさし》ＵＦＪ銀行頭取、前田晃伸《まえだてるのぶ》みずほホールディングス社長、三木繁光《みきしげみつ》三菱東京フィナンシャル・グループ社長、西川善文《にしかわよしふみ》三井住友銀行頭取など、大手七銀行トップに絞られた。

竹中金融相からは、「銀行の自己査定による不良債権額と、金融庁検査の結果との落差が大きい」との指摘があった。これに対して何人かの銀行首脳から「差があって当たり前だ」との反論が出た。竹中金融相は「それが市場から厳しい見方をされる要因だ」と再反論した。

会合の後、会場の外には取材の記者たちが集まっていた。

そこでUFJ銀行の寺西頭取から「竹中金融相の方針に反対論を訴えるため、今夜、記者会見をしましょう」と提案があり、その夜遅く、銀行業界として記者会見を開くことが決まった。

金融再生プログラムの中身はまだ正式には公表されていない。だが水面下で検討されている原案が法律化されれば、銀行のみならず、日本の産業界全体に大きな混乱を巻き起こしかねない。銀行首脳たちの危機感は切実なものだった。

会見の直前、七人の首脳が集まって打ち合わせを行った。

私はその席で、「記者会見でみながバラバラの発言をして見解の相違が出るのも問題です。発言は全銀協会長に一本化してはどうですか」と提案したのだが、「各自が自由に発言すべきだ」という意見の東京三菱の三木頭取から、ひどく怒られてしまった。

会見では「銀行への資本注入が自己目的化している」「繰延税金資産の算入について現行制度の

変更は市場や投資家に与える影響が大きく、慎重な検討が必要だ」など、金融再生プログラムへの批判が相次いだ。

とくに全銀協会長でもあるＵＦＪ銀行の寺西頭取は、プログラムが意図している会計ルールの変更について、「今までサッカーのルールでやっていたものを、急にラグビーに変えるといわれてもできない」と痛烈に批判した。

日本は法治国家か

新聞報道された金融再生プログラムの中で、私が最も気に入らなかったのは「銀行トップは、今年中に辞任すれば退職金を支払う」とある部分だった。

経営トップの去就は株主総会や取締役会の権限である。政府が退職を強要するなど、筋違いもはなはだしい。

「法治国家でそんなことがまかり通るのか」と発言したが、私などは当時の全銀協では新米もいいところだったので、後の報道を見ると削られてしまっていた。

この会見によって、竹中金融相と銀行業界は完全に対立状態となった。

もともと銀行首脳には、はなから竹中嫌いの人が多かったのだが、金融相就任後の金融再生プログラムの進め方をめぐって、金融相は銀行側の信頼を失っていた。

一〇月二八日朝、竹中金融相と銀行トップの三回目の会合が、東京・港区の財務省施設で朝食をとりながら開かれた。

ここでもまだ、経済の実態と「二〇〇五年までに半減させる」という不良債権処理の目標に「大きなズレがある」と、銀行側から不満の声が上がった。

やりとりの中で、ある頭取の言い方に竹中氏がカチンときて「小泉首相の政策に反対するのですか。そういうことなら総理にそう伝えておきます」と激高する場面もあった。

金融再生プログラム発表

一〇月三〇日、金融再生プログラムが正式に発表された。

プログラムの目的は「不良債権問題を解決すること」とされ、主要銀行の貸出金に占める不良債権比率を、二年半後の二〇〇五年三月末までに、〇二年三月末時点の実績値（八・四％）の半分程度に低下させるという目標が示された。

そのほかの内容は以下のようなものだった。

・融資先の資産査定において、市場価格で計算することを徹底
・大口債権者の債権者区分を統一
・銀行による自己査定と金融庁検査による査定の差を公表

・銀行が決済不能に陥った場合など、必要に応じ公的資金を活用
・繰延税金資産の査定を適正化
・経営健全化計画が未達成な銀行に対しては業務改善命令を発令

各銀行がこれらの健全化計画を達成できなければ業務改善命令を受け、それでも改善が見られない場合、公的資金で投入された優先株を普通株に転換し、国が議決権を行使して経営責任を問うことになる。

プログラムが発表されると、大手七銀行はその日のうちに連名で声明を発表した。

この声明は、金融再生プログラムについて「会計基準の急激かつ大幅な変更が含まれており、性急に実施されると銀行経営、産業界にも大きな影響を与える」と批判し、十分な経過措置や激変緩和措置を求めるものだった。

だが正式に発表されたプログラムを見てみると、実質的な内容は「大手行の開示債権（一九九八年の金融再生法に基づく開示債権残高＝不良債権）を二〇〇五年までに半減させる」という宣言に近い。

新聞報道された中間案で大問題となった、繰延税金資産の自己資本への算入制限については、具体的な変更箇所が削除され、「査定を適正化する」という、かなり緩い表現に変わっている。この規定の影響で、翌〇三年にはりそな銀行への資本注入、足利銀行の破綻処理が実施されることにな

るが、少なくとも中間案のように、すべての大手銀行が国際業務を続けられなくなる、といった問題はなくなった。

このため銀行界でも、「景気に水を差す」などと批判的な声は多かったものの、口で言うほどプログラム自体への反発は強くなかった。

竹中大臣を評価

私個人は、竹中金融相が金融再生プログラムにおいて、期限を切って不良債権半減目標を設定したことを高く評価している。

「竹中氏は米国から『そう言え』と言われたのだ」と批判する人もいたが、不良債権問題は過去一〇年にわたって日本経済にモヤモヤと漂ってきたテーマである。金融再生プログラムはそれに対し、数字上の目標と達成時期を明示して、政府が諸外国に対して解決をコミットメント（約束）したものだ。その意味は大きい。

ただ市場での受け止め方はまた別で、「銀行破綻や企業倒産が多発する」という恐れが広がり、プログラム発表後、株価は一段と下落した。以後、〇三年四月までの半年の間に、日経平均はバブル後最安値となる七六〇七円まで下がっている。

不当な業務改善命令

株式市場はさえなかったが、住友信託の経営は年を追うごとに改善していった。

二〇〇〇年代に入ってからの当社の不良債権処理費用の推移を見ると、二〇〇〇年度が一四六八億円、〇一年度が一〇五四億円、〇二年度が八五九億円となっており、このあたりがバブル崩壊の後始末の最後の段階だった。

ただ〇一年度、〇二年度は株式市場が低迷したため、価格が下落した保有株の償却処理を迫られることになった。おかげで当社も二年連続で赤字に転落してしまった。

その結果、「経営健全化計画の未達」を理由に、〇三年八月一日、金融庁より当社に対して、金融再生プログラムに基づく業務改善命令が発令された。

これは当社だけでなく一五行に対して一律に出されたものだったが、私にとっては納得のいかないものだった。

〇三年三月期の時点で、当社の不良債権比率は三・六%まで下がっており、金融再生プログラムが掲げた四%程度という目標を、二年前倒しで達成している。自己資本比率の変動要因となる保有株式についても、バーゼル合意「ティア1（自己資本の基本的項目）」の目標比率を下回る、時価ベースで五〇〇〇億円程度にまで圧縮していた。

私がＩＲ（投資家向け広報）のために米国に出張していたときに、電話で「改善命令が出ました」と伝えてきたので思わず「株安で赤字になったのに、何を改善しろというのだ」と怒ってしまった。

当社が行政処分を受けたのは、創立以降初めてのことである。

しかも送られてきた文面を見ると、「命令書」とあって、書面の宛名には「様」も「殿」もなく呼び捨てで「高橋温」となっている。

当時は、後にゆうちょ銀行の初代社長となられた高木祥吉《たかぎしょうきち》氏が金融庁の長官だったが、私が怒っていることが記者を通じて伝わったようで、「お怒りだそうだが、書面の書式がそうなっているので、仕方がないんだ」と言っておられたという。

不良債権処理に終止符

私は分厚い弁明書を出して「経営努力を行っている銀行に対してまで一律に行政処分を出すことは、政策として均衡を失しているのではないか」と反論した。

実はこのときは行政訴訟を行うことも検討した。ただ法律上、金融庁は二年連続赤字になった銀行には改善命令を出さねばならないことになっている。弁護士には「法律にそう書いてあるので、訴訟は無理です」と言われてしまった。

この年度の期初には「今年度の不良債権償却費は、貸出金の三〇ベーシスポイント（一ベーシスポイントは〇・〇一パーセント）以内に収まる」という決算予想を発表している。会社として不良債権脱却宣言を出していたのだ。これに対しては、外国人投資家から「そんなバカなことはない、眉つばだ」と批判を受けたが、蓋《ふた》を開けてみると処理額は二一八億円となり、見事に予想の範囲内に収まった。年間の処理額としてはピークの二〇分の一まで減っていた。

りそな銀行を実質国有化

株式市場、そして日本経済が長年の低迷から立ち直ることになったきっかけの一つは、〇三年五月、かねて経営不振が指摘されてきた大手銀行の一角、りそな銀行が、資本注入措置を受けたことである。

この年、りそな銀行の監査法人は、同社の決算報告書作成にあたり、金融再生プログラムで問題となった繰延税金資産について、自己資本組み入れの前提となる将来の収益性を疑問視し、三年分の繰延税金資産のみの組み入れを認める方針で自己資本の再計算を行った。その結果、同社の自己資本比率は国内行の健全性基準となっている四％を大きく下回ることとなり、政府に対して預金保険法に基づく資本注入を申請した。

りそな銀行には約二兆円の公的資金が投入されたが、その多くが普通株の形で注入されたため、りそな銀行の経営権は政府が握ることになった。実質的な国有化措置である。ただし経営者責任、株主責任は問われなかった。

同じ〇三年一一月には、足利銀行が経営破綻している。足利銀行の監査法人が繰延税金資産の資産計上を厳格化し、自己資本への繰り入れを認めなかったことから、同銀行は債務超過に転落。金融庁が預金保護法に基づく破綻処理を実施したものである。足利銀行については、経営責任、株主責任を問う、ハードランディング型の処理となった。りそな銀行の処理についても、竹中金融相自身は本当はハードランディングさせたかったのではないかと思う。竹中氏は「マーケットの敗者を生存させると改革が遅れる」という思想の持ち主で、経営責任を問わない国有化は、明らかに竹中金融相らしくない処理のやり方だった。

しかし実際に金融行政を担当して、金融には杓子定規《しやくしじようぎ》ではうまくいかない、さまざまな問題があることがわかってきたのだろう。竹中金融相の後ろ盾であった小泉首相も、りそな銀行を破綻処理することは予定していなかったはずだ。

金融機関を破綻させると、地域経済への影響、株式市場への影響は大きい。信用秩序に対する不信が再発する恐れもある。

経営不安により市場に混乱が生じる前に、素早く資本注入を実施して銀行を国有化した小泉政権の措置は、市場から高く評価され、後に「予防的公的資金注入」として制度化されることになった。市場には竹中金融行政に対する信頼感が生まれ、株価は〇三年四月を底に反騰していった。

福井総裁登場

景気回復にあたって、もう一つ大きな要因となったのが、小泉政権下で〇三年三月に就任した、福井《ふくい》俊彦《としひこ》日銀総裁による緩和的な金融政策である。

福井総裁は小泉内閣の意を受けて、積極的に「ゼロ金利」「量的緩和」をめざす金融政策を進めた。私はこの金融政策こそ日本経済を救ったと考え、高く評価している。

日銀が最初に量的緩和政策を実施したのは、速水優《はやみまさる》総裁時代の〇一年とされている。当時は銀行の不良債権問題に加え、一般企業においても、債務、設備、雇用の「三つの過剰」が重なっていた。福井総裁が量的緩和をアナウンスし、「大量の資金供給によってゼロ金利が当分続く」と見通せるようにしたことで、中・長期金利が安定し、企業の債務削減の下支えに役立った。預金者からは借り手偏重の政策と見えたかもしれないが、経済再生の非常手段として理解されたと思う。

高度成長時代は、過熱しがちな経済をどう制御するかが、金融政策の最大の課題だった。そのため「日銀は引き締めしたがる」という印象を持たれがちだった。

しかし二〇〇〇年代に入ってからは、成熟した経済の下での金融政策のあり方が問われるようになった。旧来のように「インフレ（物価上昇）になったら金利引き上げ」という引き締め志向だけでは、経済をうまくコントロールすることはできない。

福井日銀総裁は小泉内閣とうまく連携を取りながら、「経済の構造変化に対応した適切な金融政策を行う」とのメッセージを、きちんと市場に伝えられたと思う。

負け戦から脱却

竹中金融相が金融再生プログラムで世界に向かって掲げた「二〇〇五年三月末までに不良債権比率を半分にする」という宣言は、目標時点の主要行の不良債権比率が二・九%となったことで、見事に達成された。

これにより、日本の銀行の不良債権処理にめどがついたことが世界的にも明らかになり、日本人もそれまでズルズル続いていた「負け戦意識」から脱却できたと思う。日本の銀行に対する世界の視線も、これをきっかけに大きく変わった。

竹中金融行政についてては毀誉《きよ》褒貶《ほうへん》が激しいが、一定の目標を掲げ、それを成し遂げ、それによって日本人を敗戦意識から脱出させた功績は大きい。私は竹中氏は、それだけでも歴史に名前が残る働きをしたと思っている。

第六章

UFJ争奪戦——「住友」対「三菱」の法廷闘争

守りから攻めへ

公的資金を完済

二〇〇四年ごろになると、当社を取り巻く風景がさまざまな面で変わってきた。

住友信託銀行は〇四年一月一四日、一九九九年に政府から注入を受けた二〇〇〇億円の公的資金をすべて返済した。大手銀行で公的資金を完済するのは、東京三菱銀行、三菱信託銀行、関西さわやか銀行に次いで四番目のことだった。

公的資金を受け入れたときから、「五年程度で返せる金額だ」と計算していた。その後は毎年、計画を立てて有言実行の繰り返しでやってきた。結果として当初の計画よりも一年ほど前倒しで公的資金を完済することができた。完済を受け、私は、

「公的資金の返済は、自主経営のスタートラインであり、ゴールではない」

「今後は守りから攻めの経営へギアチェンジする」

「社員の意識改革を求める。これまでのように他行とのバランスを見ながら行動しているのではダメで、今後は新たな事業を創造する強い意志が必要となる」

と社内に宣言した。

九八年と九九年に注入を受けた公的資金が、経営において重かったのは事実である。頭で考えていたより、つらいものだった。

受け入れた公的資金は早期健全化法に依拠している。このため法律で経営健全化計画の策定を義務づけられ、決算を赤字にできない。そうなると企業買収の際、営業権の償却などを一挙に行うことができないといった縛りを受けることになる。経営の選択肢が限定されてしまうのである。

もっと大きいのは意識の上での縛りだった。公的資金を受けようと手を挙げたとたん、考え方が敗軍になってしまう。昨日まで「鬼畜米英」と言って戦っていた日本人が、マッカーサーが上陸したとたんに米国礼賛に変わってしまったように、公的資金を受けたことで、会社全体のものの考え方が予算主義に代表される役所のカルチャーに染まってしまう面があった。

そういう重荷を返上することができたので、社員の意識を変えるために新年の挨拶《あいさつ》で「守りから攻めへ」とうたったのである。

気がつくと、金融危機のさなかの九八年から二〇〇四年まで大手銀行のトップの座にあるのは、私と三井住友銀行の西川善文《にしかわよしふみ》頭取だけになっていた。

就任してから六年間に及ぶ不良債権処理、合理化努力で資産の健全性を図るとともに、資本の質を向上させるよう心がけてきた結果、住友信託の財務は一応のレベルに達した。「そろそろ再編など、次の展開を考える足場が築けたのではないか」という手応えを感じたのが、この年、〇四年の年明けだった。

〇四年一月から三月にかけ、各部署の企画担当者と面談し、ボトムアップとトップダウンの二つの方向で徹底的に議論し、具体的な経営方針を固めていった。

CSRを推進

ギアチェンジの柱の一つが、CSR（企業の社会的責任）の強化であり、もう一つが信託型投資銀行の推進である。この二本柱を推進していくこととした。CSRとは企業が自分の本業を通して社会的責任の理念、姿勢、行動といったものを経営の軸として取り入れ、企業と社会の持続的な成長をめざし、企業の社会的な存在意義を確実なものとしていくことである。

CSRにおいて企業を評価する尺度は、環境的側面、社会的側面、経済的側面の三つの座標軸である。企業のサステナビリティー（持続可能性）という視点から、経済的側面だけでなく、環境や社会に対する配慮にも目を向けていくところに特徴がある。

経営学者ピーター・ドラッカーは、一九五四年に著した『現代の経営』において、企業を「公益を考えるべき社会的機関」という視点から捉え、「マネジメントのあらゆる行動が、社会的責任に根差したものであることが必要である」と指摘している。

当社でも従来、揺るぎない信頼関係の構築と社会に対する奉仕の精神を信託事業の基本と考え、公益信託をはじめとするさまざまな事業活動の中で鋭意、取り組んできた。

ＣＳＲを重視した経営を行う企業の持続的成長力は高い。ＣＳＲ自体がビジネスのパフォーマンスを上げるものであり、利益かＣＳＲかという対立概念ではない。

それまで世間一般では、「銀行はＣＳＲへの取り組みが鈍い」と見られていた。メーカーが製造物責任などで市場から批判を受けてきたのと異なり、金融機関にはそういう問題が少なかったということもあるだろう。

メーカーはＣＳＲを経営上の前向きな動機づけとして積極的に捉えていた。

金融機関は「お金の流れ」を扱うが、それはすなわち「情報の流れ」でもある。私は「金融が社会的に及ぼす影響は非常に大きく、したがってＣＳＲは金融機関がもっと積極的に取り組むべきテーマである」と考え、すでに前年六月にＣＳＲの社内組織「社会活動統括室」を作り、「ＣＳＲに関する具体的な活動への申請があったら、トップダウンで予算をつける」と布告していた。

こうした問題への取り組みは外から見える形で、トップダウンでやらなければいけない。組織を作り名前をつけることは大きな力になる。トップが意識付けをすると、もともと問題意識を持っていた人たちがアイデアを出してくる。そのアイデアがトップに認められることで、全社で競い合う機運が生まれ、積極的に活動にかかわるようになってくる。

経営の軸としてＣＳＲを打ち出したことで、わが国初の企業年金向け日本株ＳＲＩ（社会的責任投資）ファンドを受託したり、積水化学工業との太陽光発電付き住宅ローンの提携が生まれたりして、既存の金融グループの枠を超えたビジネスが増えていった。

環境問題や社会問題に関連する企業に投資するＳＲＩファンドの市場は、欧米では一九九〇年代後半以降、爆発的に拡大しており、ファンドの残高は三〇〇兆円を超えると言われていた。日本でも大きく伸びる可能性を秘めた市場である。

セキスイハイムで知られる積水化学工業との提携は、同社が販売する太陽光発電システムを搭載した住宅の取得資金に対して、当社が金利を優遇する住宅ローンを提供する形だった。東日本大震災以降、日本でも住宅に太陽光発電を搭載する割合が増えているが、〇四年の時点ではかなり先駆的な試みだったと思う。

信託型投資銀行を推進

もう一つの経営の柱とした信託型投資銀行の推進とは、従来のように手数料をいただくだけでなく、リスクテイクによる利益を狙っていくことを意味する。これまで信託銀行は販売元から委託を受けて投資家に販売する、フィービジネスに特化していたが、不動産関連証券や海外アセット（資産）などにおいて、自らもある程度リスクポジションをとりつつ、プロジェクトを推進していくのである。自ら投資家として動くことにより、単に利益が増えるだけでなく、入ってくる情報の量が増えてくる。

業務提携に戦略的、機動的に対処するための専門部署も新設した。提携で覇権を狙うという古い発想でなく、得意な分野に特化して強みを発揮することが狙いである。

国内顧客基盤の拡大、アジアを中心とする世界市場への進出も大きな課題だった。

都市銀行と比べ住友信託の顧客数は劣っている。だからといってやみくもに顧客を増やすのではなく、信託銀行としての存在感を高めていかねばならない。主要顧客である中高年層を対象に「住友信託ブランド」を確立し、信託が得意とする資産管理・運用分野でナンバーワンの金融機関となることをめざした。

一九九〇年代に入ってから、どの銀行でも海外事業は縮小傾向にあった。私は「今後は発展著しい地域で投融資業務を積極的に進める」と宣言した。

さまざまな経営努力が実を結び、二〇〇四年三月期決算では、当期利益でわずかながらも過去最高を更新することができた。

不良債権処理額は累計で二兆円に達し、一時は八%まで上がっていた不良債権比率も、二・八%まで低下していた。金融専門誌の、収益性と健全性の視点から見た銀行の総合ランキングで一位に選ばれるなど、世間からの経営への評価も高まってきた。

突然の経営統合基本合意解約

ＵＦＪ信託銀行との経営統合を発表

二〇〇四年五月二一日夕刻。

私は東京・丸の内の全国銀行協会において、「ＵＦＪホールディングス傘下のＵＦＪ信託銀行と経営統合することで基本合意した」と発表した。

ＵＦＪ銀行が不良債権処理で巨額赤字に転落することが明らかになり、親会社のＵＦＪホールディングスが資本増強の必要に迫られて、傘下の信託銀行の売却を計画したのだった。

ＵＦＪ側から当社に売却の打診があり、これを受けて当社の側で資産の精査を行った上で、「ＵＦＪホールディングスに約三〇〇〇億円を支払ってＵＦＪ信託の株式を購入。二〇〇五年度中をめどにＵＦＪ信託とともに持ち株会社制に移行する」という条件を提案、了承を得た。

日本長期信用銀行（長銀）との合併が流れて後、大手銀行間では大規模な再編とメガバンクへの統合が進み、大手銀行で唯一、当社だけが独自路線を歩んできた。だがこの経営統合が実現すれば、新会社は国内最大の「メガ信託銀行」になるはずだった。

経営統合によるシナジー（相乗効果）は計り知れない。

ＵＦＪ信託と統合すれば、受託財産残高は約八八兆円となり、三菱信託銀行を抜いて信託業界トップとなる。規模拡大で資産運用管理の効率も高まる。合併で支店は約一〇〇にまで増え、市場での存在感も増す。お互いに信託業務をやってきた者同士なので、一緒になることに対する居心地の良さもあった。業態も互いに補完的だった。ＵＦＪ信託は証券代行、投資信託で業界トップ、住友信託が指定単（単独運用指定金銭信託）、不動産などでトップと、互いに得意分野が異なっている。

顧客基盤も住友、ＵＦＪの両グループを足し合わせることで飛躍的に広がり、メガバンクに見劣りしないものとなる。

われわれは三井住友銀行とは信託代理店契約を結ぶなど緊密な関係にあったが、ＵＦＪ銀行とも同様の緊密な提携関係を築くことで、ビジネス機会の拡大につなげられる。

住友信託はそれまでのリストラ（事業の再構築）で収益力の高い筋肉質の体になっていたが、逆に人材が払底気味という側面もあった。経営統合がなかった場合、〇四年度だけで約二〇〇人を中途採用する計画を作っていたほどだ。信託銀行同士の統合により、信託業務に精通した人材の厚みが増す。商品やコンサルティングなどの分野で、大きな存在感を打ち出すことが可能になる。

年金・証券の管理業務といった情報処理中心の部門はどちらかに一本化するが、資金運用部門は二行それぞれに残す。店舗網も補完関係になるよう、七月末までに詳細を詰めて配置を見直す予定だった。

日本の金融界における再編では従来、メガバンクへの集約・統合という流れだけが目立っていた。どの合併も「合理化ありき」でスタートし、同じことをやって、結局はオーバーバンキング（銀行過剰）が解消されていない。

私はユニバーサルバンク（総合金融機関）をいくつもつくることより、特色ある金融機関が自分の足で立つことこそが、金融界の望ましい姿であると考えていた。経営統合で巨大信託が誕生することになれば、メガバンクと並ぶ、市場でも存在感のある信託銀行が生まれる。「貯蓄」から「投資」へ向かう資金の流れを担う、メーンプレーヤーとして活躍できるだろう。

会見場でカメラのフラッシュを浴びながら、私はＵＦＪホールディングスの杉原武《すぎはらたけし》社長、ＵＦＪ信託銀行の土居安邦《どいやすくに》社長の二人とかたく握手を交わした。

理想の組み合わせ

長銀吸収合併の構想が頓挫してから六年。都市銀行と一線を画しての信託再編を模索してきた私にとって、ＵＦＪ信託との経営統合は、まさに理想に近いものだった。

私は他行との合併に際しては、「信託事業の拡充」「収益力の強化」「マーケットからの評価」に加えて、「当社のリーダーシップの確保」を条件の一つと考え、「これら四条件をすべてクリアできる合併でなければ、進める気はない」と発言してきた。

合併は難しい。合併にたどり着くことも難しいが、合併後のマネジメントも難しい。成功させるためには経営トップの強いリーダーシップの発揮が不可欠である。

その意味で私は「合併では無理をして対等関係を取り繕うより、主導権をどちらが取るのか、はっきり決めたほうがいい」と考えていた。これは社員の待遇や昇進に差を付けるという意味ではない。誰かがリーダーシップを取らないと、合併後の経営がうまく運ばないと感じていたのだ。

ＵＦＪ信託との経営統合は、そうした条件をすべて満たしていた。

問題点を挙げるとすれば、資産管理サービスの専門銀行として、住友信託が日本トラスティ・サービス信託銀行（ＪＴＳＢ）を設立していたのに対し、ＵＦＪ信託は日本マスタートラスト信託銀行という、異なる陣営に入っていることぐらいだろう。これについて私は「ＵＦＪ信託がＪＴＳＢに合流してくれればいいが、資産管理業務でのねじれ解消は急がなくていい」と考えていた。

統合に必要な金額は約三〇〇〇億円としていたが、投資信託会社まで買収するとなれば増える可能性もあった。一時的に赤字になるかもしれないが、それでも自己資本比率は一〇％以上を維持できる。営業権の償却についても、なるべく早期に実施しようと考えていた。

会見の席上、私は「今回の経営統合は、信託業務に特化した新たな金融グループの創設といってもいい。今後、信託業法が改正されると、ビジネスチャンスがますます広がることになる。統合によりメガバンクとは個性の異なる、名実ともに本邦最強の信託銀行グループをつくる」と抱負を述べた。

ＵＦＪ信託との経営統合については、長銀のケースとは違い、何月何日にどうしたというような、明確なきっかけはない。ＵＦＪ銀行の寺西正司《てらにしまさし》頭取が全国銀行協会の会長を務めておられた〇二年度に、私は信託協会の会長をしていた。その関係で何回かお会いするチャンスがあり、個人的に親しくなっていた。その意味では統合の話をする土台はあったといえる。

具体的なテーマとして両社の合併構想の話をしたのは、〇三年のことである。

ただ私と寺西頭取で決めたということではなくて、ＵＦＪ信託とは一般社員間でも交流があり、そういう中で経営レベルで統合の話が出てきたのである。当社の宮川和雄常務と常陰均《つねかげひとし》企画部長が、ＵＦＪ側の常務クラスと両社の意向を確認し合うという、トップダウン型でなく、ボトムアップ型の統合交渉だった。

ＵＦＪホールディングス側は検討を急いでいた。当時の記録を見ると、「どうしても〇三年度決算で利益が欲しい」という発言もあったようだ。交渉を行っていたその年度、〇四年三月期決算のために、資本不足対策を必要としている様子だった。

〇三年五月ぐらいには、話がかなり進んでおり、九月ごろには、どの分野を残すとか金額をどうするといった細かい詰めは残っていたが、基本的には当社がＵＦＪ信託の株式を購入する方向で話を進めることになり、ＵＦＪ銀行の寺西頭取まで話が行っていた。

交渉を一時中断

ところがそこで突然、交渉にブレーキがかかってしまった。当社の姿勢に変化はなかったのだが、ＵＦＪ側の対応が遅々として進まなくなったのである。九月の時点では「一一月にも記者会見を」と言っていたのが、できないまま継続協議という形で交渉が止まってしまった。

われわれとしても原因はいまだにわからないのだが、どうやら、それまではＵＦＪホールディングス側の都合で株式売却を検討していただけで、当のＵＦＪ信託の経営陣には何も言っていなかったようだ。

推測だが、おそらく九月ごろに初めてＵＦＪホールディングスから「ＵＦＪとして株式売却を進めたい」と話を持って行ったのではないだろうか。

ところが話を聞いたＵＦＪ信託の土居社長の反応が、積極的ではなかったのだろう。ご本人から直接聞いたわけではないが、そういう雰囲気が伝わってきた。

ＵＦＪグループは〇一年、三和銀行、東海銀行、東洋信託銀行の三行によりＵＦＪホールディングスが設立されたことで誕生した。その後、東洋信託銀行が東海信託銀行を吸収合併し、ＵＦＪ信託銀行と改称したものだ。

つまりＵＦＪ信託の経営陣は東洋信託出身者が中心なのである。それなのに三和銀行、東海銀行出身者が中心のＵＦＪ銀行に、頭越しに身売り話をされていたとあっては、おもしろかろうはずはない。

交渉はそこで止まってしまった。

ＵＦＪ側から交渉再開の打診

ところが〇四年四月になって、再びＵＦＪ側から「継続協議の案件をまた進めたい」という打診が来た。「東洋信託が軟化している」という話が伝わってきた。東洋信託とはつまりＵＦＪ信託のことである。このときはＵＦＪ信託も、頭越しの売却に反発した前年とは異なり、合併に前向きになっていたようだ。

ＵＦＪグループを設立する少し前、東洋信託は専門金融機関としての立場を崩したくなくて、「住友信託につくか、三菱信託につくか」と迷っていた時期があった。しかし信託銀行トップであった三菱信託が三菱東京フィナンシャル・グループ入りを発表し、それを知って自分たちも都銀と組んでＵＦＪを作ったという経緯があった。

これは想像だが、ＵＦＪ信託の経営陣は、いつの間にかＵＦＪ銀行に主導権を取られてしまった自分たちだけでなく、東京三菱銀行と組んだ三菱信託の様子を見るにつけても、

「やはり統合するなら都市銀行相手よりも、信託銀行同士のほうが自らの立場を発揮しやすい。そう考えるとＵＦＪグループを出て、住友信託と一緒になるというのも悪い話ではない」

と考え直したのではないだろうか。

もともとＵＦＪホールディングスは「早くキャッシュが欲しい」という雰囲気だったから、以後はトントン拍子に話が進み、五月二一日に基本協定を結んで、発表会見に臨む運びとなった。

この交渉の最中「ＵＦＪが赤字決算」という報道があった。〇四年三月期決算において、ＵＦＪホールディングスが二年連続で大幅な最終赤字に陥ることが確定的になったというのだ。

ＵＦＪ銀行は〇三年一〇月の金融庁による特別検査の際、隠蔽《いんぺい》工作を行ったとされ、翌〇四年一月に再度の特別検査を受けている。再検査の結果、当局より一部の大口融資について引当金の積み増しを求められた。これにより当初二一〇〇億円の黒字の予定であったＵＦＪホールディングスの〇四年三月期の決算は、〇四年四月の段階で七八〇億円の黒字に下方修正されていた。ところがその後、五月に発表された本決算では、四〇二八億円の赤字決算となっていた。

もともとＵＦＪホールディングスの自己資本比率は、バーゼル合意で定められた国際的な業務を行うための健全性基準である八％ぎりぎりであったため、そのまま何もしなければ八％を下回って、国際業務ができなくなってしまう。

そこでなんとしても八％を確保するために、グループ内のＵＦＪ信託を売却してキャッシュを調達、自己資本に充当し、それでも不足する分は増資で補うという計画を立てていたようだ。

突然の三トップ引責辞任

金融再生プログラムでは、公的資金投入行に課せられた経営健全化計画が未達となった場合、経営責任が問われることになっている。このときは連続赤字に金融庁に対する検査忌避の問題も加わって、ＵＦＪホールディングスの杉原武社長、ＵＦＪ銀行の寺西頭取、ＵＦＪ信託銀行の土居社長が引責辞任することになった。

辞任が発表されたのは、合併発表の二日前、五月一九日のことだった。われわれからすると、発表の場で同席するはずの交渉の当事者が、一斉にいなくなってしまったことになる。

ＵＦＪグループの新しい経営陣は、ＵＦＪ銀行頭取に沖原隆宗《おきはらたかむね》氏、ＵＦＪホールディングス社長に玉越良介《たまこしりようすけ》氏、ＵＦＪ信託銀行社長に安田新太郎《やすだしんたろう》氏という布陣となった。

しかし新経営陣が実際に就任したのは六月のことだ。合併発表には間に合わず、二一日の記者会見には旧経営陣が列席している。

幸い、「新体制でも引き続き住友信託との統合案件を進めます」ということで、玉越ＵＦＪホールディングス社長、沖原ＵＦＪ銀行頭取の体制になっても、ＵＦＪ側が交渉を続ける方針は変わらなかった。事務レベルでは統合される事業の内容や売却金額などの具体的な協議が進んでいた。

ここまで来たら、よほどの事情がなければこのまま合併まで進むことになる。住友信託側として、統合プロジェクトを進める要員、二〇〇人近い人事も発令した。当時、住友信託には総合職の社員が二〇〇〇人ほどいたが、兼務を含めるとその一割にも及ぶ大規模人事だった。二〇人ぐらいは専従で、そのための部屋まで作って統合の準備を進めていた。クリアすべき問題はいろいろあったが、「乗り越えていこう」という前向きな雰囲気だった。

一方的な不履行通告

事態が急変したのは、七月一三日火曜日のことである。

その日の朝から、玉越良介ＵＦＪホールディングス社長より私に対し、何度も「すぐにお会いしたい」と連絡が入っているという。

こんなふうに急いでいるときは大抵、あまりいい話ではない。

私も忙しくて「急に言われても時間がありません」と言ったのだが、結局、その日の午後五時一五分から二〇分間ほど、東京・丸の内の住友信託社長室で、一対一でお会いすることになった。時間を区切ったのは、その後に六時から取引先と食事する予定があったためである。

時間通りにやって来た玉越社長は、挨拶もそこそこに、

「突然で申し訳ありません。ＵＦＪ信託統合の件は、履行できなくなりました」

と言い出した。私は呆然《ぼうぜん》とした。

「住信の事務局には本当に努力してもらい、誠に申し訳ないのですが、財務の状況が思ったより悪く、このままだと九月の決算ができません。グループごとなんとかしなくてはいけなくなったのです」というお話だった。

ＵＦＪグループは確かに追い込まれていた。当社に対するＵＦＪ信託株式売却で入る資金は約三〇〇〇億円だったが、自己資本八％を維持するには、それだけでは足りない。残りは増資で賄う必要があったが、そこに暗雲が立ち込めていたのである。

二年連続の巨額赤字決算に加え、検査忌避の問題もあって、六月一八日には金融庁からＵＦＪ銀行に業務改善命令が出されていた。検査妨害で刑事告発される可能性もあった。実際にその後、〇四年一〇月に銀行法違反で銀行と元副頭取などの幹部が告発されている。金融機関として致命的な、信用問題に発展しかけており、増資の実施が困難になりつつあったのだ。

信託部門の切り売りと増資によって自己資本を維持し、国際的に活動する大手銀行グループとして単独で生き延びる、というＵＦＪグループが描いたシナリオが、崩壊しつつあった。

この状況で玉越社長が「グループごとなんとかすることが必要」というのは、ＵＦＪ銀行本体だけでなく、ＵＦＪグループ自体がどこかの銀行グループに吸収合併されることを指していると思われた。われわれとしては、とても受け入れられる話ではない。

合併相手は?

「そういうことが法的に通ると思っておられるのですか。『グループごと』とおっしゃいますが、UFJグループ全体でどこかと合併するということですか? 相手はどこなんです」

私は詰め寄った。

しかし玉越社長は、どこが相手かは言おうとしない。「某行からそういう条件が出ている」と言うだけだった。UFJほどの規模の銀行グループを丸ごと引き受けられる国内金融機関と言えば、メガバンク三社しかない。

その一つ、みずほフィナンシャルグループは〇二年に起こしたシステムトラブル問題の後遺症や統合した旧三行の内紛に苦しんでいた。内部統制に問題があって、とても統合相手にはならない。

また、相手が三井住友フィナンシャルグループなら、組み合わせ的に言って当社との提携解消の必要は生じないはずだ。そう推測すると、UFJの統合相手は三菱東京フィナンシャル・グループ以外には考えられなかった。

玉越社長は「理がないことは承知の上です。ひたすらおわびします」と言う。

私はその日、午後六時に取引先と会食の約束をしていたので、それ以上の時間はなかった。「時間がないので、きちんとした話は明日うかがいます」と伝え、改めて一四日の朝に玉越社長が当社に来て、事情を説明することになった。

西川社長に電話

その夜、取引先との食事の席に向かう車の中から、私は常陰企画部長に電話し、「一〇時ごろに統合プロジェクトの主な関係者をどこかに集めておいてほしい」と伝えた。運転手もいるのでその場では議題については言えなかった。とにかくUFJ側からの突然の通告について緊急対応が必要だった。夜一〇時、取引先との会合を終えた私は、関係者が集まったパレスホテルの一室に入って、事態を説明した。

その場でメンバーから「三井住友フィナンシャルグループの西川善文社長に事情を話しておかれたらどうでしょうか」という提案があった。

私はその提案を受け入れ、その場から西川社長の自宅に電話した。

「関係のない話でもないと思いますので、連絡いたします」

と事情を説明し、「私の推測では相手は三菱でしょう」とお伝えした。

西川社長は「びっくりしました」とおっしゃっていた。本当に驚いたご様子だった。

この電話について、西川社長は後に著書で「一四日」と書いている。おそらくその時点でもう一二時を過ぎて、日付が替わっていたのだろう。

翌七月一四日、日本経済新聞朝刊に、「三菱東京フィナンシャル・グループとＵＦＪホールディングスの経営統合」とのスクープ記事が出た。

記事の内容は、ことさらに三菱東京の財務内容の良さを強調し、さながら三菱東京が、危機に陥ったＵＦＪを救いに現れた白馬の騎士であるかのような書き方だった。情報源は不明だが、世上、「住友信託との合併交渉を白紙化したい、ＵＦＪ側のリークではないか」と言われている。

この報道に対しては、三菱東京サイド、ＵＦＪサイドとも、いったんは内容を否定するリリース（報道資料）を出している。

玉越社長より正式申し入れ

この日の朝八時五〇分ぴったりに、玉越社長とＵＦＪ信託の水野《みずの》俊秀《としひで》専務が、住友信託の社長室に来られた。

こちらは私と常陰企画部長で対応した。

前日は立ち話のような状況だったから、この日が正式の申し入れということになるだろう。内容はやはり同じで、「非常に苦しい状況で、丸ごとの対策が必要なのです。そこで、これまでのお話を白紙に戻せないかというお願いに来ました。当方に理がないのは、重々承知しています」という。

私は「三菱東京フィナンシャル・グループというわさがありますが、まさか違うのでしょうね」

と聞いた。

「相手は商業銀行です」とまでは言うが、どこかはやはり言わない。ただ、三菱だということは、私がその名前を口にしたときの顔色でわかった。

私は「もう少し考えていただけませんか」「私の株主への責任や立場をどうお考えでしょうか」といった、かなりきついことを申し上げた。

つい一週間前、UFJとの合併を〇四年秋に前倒しする方向で最終調整に入っていたところである。プロジェクト部屋を作って作業を始めさせ、合併スキームの関係で関係会社の増資まで行っていた。

玉越社長は、「問題があることはわれわれも理解しております。それでも、どうしても別の道を探らなければなりません」と言うばかりだった。私は説得を断念した。

「法的な措置をとらざるを得ません。今後はリーガルな土台を確認しながら進めたいと思います。ついては公明正大な交渉経緯が必要です」

ここまで来ては、そう申し上げるほかはない。

法的に進めるしかない

UFJ信託との経営統合については、私もIR（投資家向け広報）などで報告していたし、投資家の間でも周知の事実であった。投資家への責任もあるので、先方の違約に対しては法的に処理を進めるしかない。

その日の午後一時、玉越社長が「基本合意書解約通知」を持って、再びやってきた。

UFJホールディングス、UFJ銀行、UFJ信託銀行の三社が、午前一〇時に取締役会を開いて決めたものだという。

改めて「大変申し訳ありません」ということだったが、私は「申し上げたいことは今朝申し上げましたので、これ以上、いっさい申し上げることはありません」と言って、お引き取りいただいた。

「三井住友」対「三菱東京」の争奪戦

統合交渉差し止めの仮処分申請

UFJホールディングス、UFJ銀行、UFJ信託の三社は、その日の午後三時、「住友信託銀行に対して協働事業化に関する基本合意の白紙撤回を申し入れた」旨を発表した。

二日後の七月一六日、三菱東京フィナンシャル・グループとUFJグループによって、経営統合に向けた協議の開始に関する覚書が締結され、統合の計画が正式に発表された。

当社としては、いよいよ法的な手段をとるしかなくなった。住友信託は、三菱東京とＵＦＪが統合を発表したと同じ一六日のうちに、ＵＦＪ信託銀行と三菱東京フィナンシャル・グループの間での統合交渉の差し止めを求めて、東京地裁に対し仮処分の申請を行った。

国内では異例の、企業再編をめぐる法廷闘争が始まったのである。

ＵＦＪグループの行動は、基本合意書に記されていた独占交渉権付与条項に、明白に違反するものだった。このわれわれの主張に対し、ＵＦＪ側は、「基本合意書は契約の前段階にすぎず、法的な拘束力はない」と反論してきた。

申し立てから一一日後の七月二七日、東京地裁は基本合意書の法的拘束力を認め、当社の独占交渉権を認めてＵＦＪ信託銀行と三菱東京フィナンシャル・グループの統合交渉を禁止する仮処分決定をした。

これに対し、ＵＦＪ側は翌日にすぐに異議を申し立てた。

西川社長動く

七月三〇日、三井住友フィナンシャルグループの西川社長は報道陣に対し、「ＵＦＪホールディングスに統合を申し入れる」との意向を表明した。三菱東京フィナンシャル・グループからＵＦＪを取り返そうと動きだしたのだ。

この件で私は西川社長に共闘を申し入れたことはない。三井住友の提案内容も、「信託業務については除く」となっており、住友信託がＵＦＪと進めていた交渉については対象外としている。

だが三井住友フィナンシャルグループが動きだしたことで、事態はＵＦＪグループをめぐっての「三井住友」対「三菱東京」の争奪戦という様相を呈してきた。

経済界も司法界も裁判に注目していた。

八月四日、東京地裁はＵＦＪ側の異議申し立てを退けた。

ＵＦＪ側は即日、東京高裁に抗告を申し立てた。

八月六日、三井住友フィナンシャルグループはＵＦＪグループに対し、経営統合の具体案として「ＵＦＪ銀行に対し、五〇〇〇億円以上の資本支援を検討する」という内容の申し入れを書面で送付した。しかしＵＦＪ側は、「すでに三菱東京と統合する方針を決めており、この方針に変更はない」と発表した。すでに発表済みの三菱東京とＵＦＪの統合合意をひっくり返すのは、法の助けを借りない限り、容易なことではない。

八月一一日、東京高裁は、「住友信託銀行とＵＦＪグループとの間の信頼関係が破壊され、協議継続が不可能となっているため、独占交渉義務は効力を失った」として、統合交渉差し止めを認めた地裁の決定を取り消した。

「信頼関係が破壊されたから契約書の法的拘束力が消滅する」というのは、実に奇妙な、私に言わせてもらえば理解しがたい法理である。

この東京高裁の決定に対し、われわれは「ただちに最高裁判所への不服申し立てを行う」と発表し、即日、東京地裁への抗告を行った。

一方、三菱東京フィナンシャル・グループとUFJグループは高裁の決定を受けてすぐに統合交渉を再開し、決定の翌日には統合についての基本合意書を締結した。

この基本合意書の中で三菱東京側は、三井住友フィナンシャルグループの提案と同じ五〇〇〇億円の資本支援を表明。これに加え「必要に応じて上限二〇〇〇億円の資本増強を行う」という内容を合意書に盛り込んだ。

八月一七日、東京地裁は最高裁へのわれわれの抗告を許可する決定を出す。

次の舞台は最高裁となった。

八月二四日、西川社長は三井住友フィナンシャルグループとしてUFJホールディングスに「一対一」の統合比率を提案。資本支援についても三菱東京と同じく、必要に応じ七〇〇〇億円まで支援するとし、これを書面で送付した。

一対一の比率とは、つまり対等合併である。金額的にも、われわれが提案していたUFJ信託の買収金額と合わせれば、グループ合計で一兆円ということになる。巨額赤字に追い詰められ、救済統合を求めている立場のUFJグループにとっては、破格の好条件と言えた。

当社の役員が以前、ＵＦＪの役員と雑談して聞いたところでは「三菱は統合相手としてあり得ない。やるなら関西同士で、住友だろう」と言っていたそうだ。

私自身もＵＦＪと三菱東京の統合に対しては、木に竹を接《つ》いだような印象を受けていた。条件が同等以上であれば、われわれに勝ち目があるはずだ。

だが、意外にもＵＦＪ側は、西川社長の提案にまったく耳を貸そうとしなかった。なぜなのだろう。ＵＦＪがそこまで三菱を好きだとは聞いたことがなかった。

仮処分申請、最高裁で敗退確定

八月三〇日、疑問が解けないまま、最高裁は東京高裁の決定を是認した。

当社が求めていたＵＦＪと三菱東京との統合交渉の差し止めの仮処分は、結局、最高裁から退けられたのだ。

当社がＵＦＪとの間で交わした統合基本合意書に盛り込んだ「独占交渉権」そのものについては、法的拘束力が認められた。しかし「その独占交渉権は合併の成立まで保証するものではない」という判断だった。

この決定に対して、私はその夜、東京商工会議所の会議室で会見を行った。急な話なので、ほかに適当な場所がなかった。私は記者会見で「最高裁の棄却は遺憾だ」と述べるとともに、「引き続きＵＦＪ信託との統合をめざす」とも話した。

だがここまで来れば、われわれの計画を実現することは難しい。その客観情勢については、記者会見でも素直に認めた。

私は当社の弱い立場を思い知らされる思いだった。

約束履行が市場の原則

私に言わせれば三菱東京は、すでに交渉で合意に至っていたわれわれの後ろから突然やってきて、「道をあけろ」と強引に割り込んできたも同然だった。明らかに企業道徳に反する行為である。

そんなことをやった三菱東京が、なぜ白馬の騎士のような顔をして、新聞もあたかも「窮地のＵＦＪを助けに来た正義の味方」と言わんばかりの報道をするのだろうか。まさに偏向報道としか言いようがない。市場経済はルールがない社会では成り立たない。一度した約束は守るのが市場の原則である。非は明らかに、後から割り込んできた三菱東京と、約束を反故《ほご》にしたＵＦＪ側にある。

その点は多くの人が認めてくれると思う。

ただＵＦＪと三菱東京の両グループを合わせると、日本の上場企業のほとんどの取引を網羅してしまう。それだけに、内心で思ってはいても表だっては意見が言えない経営者も多かっただろう。

この件では権力とメディアが結託する怖さを思い知らされた。

翌年一〇月の統合をめざしていたＵＦＪと三菱東京にとっては、当面の法的な障害がなくなり、統合実現を大きく引き寄せた形となった。

合併差し止めの仮処分が棄却された後、われわれは今度はＵＦＪ側が基本合意を履行しなかったことについて、損害賠償を求める訴訟を起こした。

当時、メディア関係者から「裁判にかけていいのか」と聞かれたが、別に勝訴することにかけたわけではない。ただ公の場で、公明正大に正当性を主張しないと、株主に申し訳が立たなかったので、「法廷で経緯を明らかにする」という趣旨で損害賠償を請求したものである。

この件では、安易に和解すれば、株主代表訴訟を起こされる可能性があり、こちらも簡単には引くことができない立場だった。実際には仮処分請求が却下された時点で、ＵＦＪ信託との経営統合の道は事実上、閉ざされていた。

最高裁で勝訴していれば、ＵＦＪと三菱東京の経営統合を止められただろう。しかし差し止めを退けられた後の民事訴訟としては、法の定めにより、損害賠償の請求しかできなかった。

この訴訟では、差し止めが認められなかった場合の損害額を約二三〇〇億円と算定し、このうち一〇〇〇億円について損害賠償請求を行った。

具体的な損害額や算出方法は明らかにできないが、このような金額となったのは、統合が実現すれば得られたはずの利益（逸失利益）を損害賠償に含めた結果である。

ＵＦＪ側は、「住友信託との独占交渉を義務づけた基本合意は失効した」「損害額は実際の作業にかかった費用の数億円程度」と主張し、多額の損害賠償には応じない姿勢を示した。

二年後、和解で結着

この裁判の争点となったのは、「買収により得られたはずの利益（逸失利益）についても、損害と認定し得るかどうか」という民法上の問題だった。

現在の民法では、逸失利益が賠償対象になるかどうかの規定がなく、判例もない。

この問題は法律家にとっては興味を引くテーマであるらしく、裁判の最中、是非を検討した本まで出ている。『ＵＦＪ vs. 住友信託 vs. 三菱東京　Ｍ＆Ａのリーガルリスク』（日本評論社）がそれである。この本を読むと、明文規定がないこともあって、学者によって逸失利益を損害と認めるかどうか立場が分かれていた。

第一審の東京地方裁判所は、基本合意に基づく独占交渉義務および誠実協議義務違反を認めたものの、これらの違反と履行利益としての損害との相当因果関係を否定し、請求を棄却した。

われわれは上訴した。が、最終的には〇六年一一月二一日、第二審である東京高等裁判所の和解勧告を受け入れる形で、二年以上に及ぶ裁判を終えることになった。

和解に伴って、当社は二五億円を受け取った。支払った相手は「三菱東京UFJフィナンシャル・グループ」である。当社が当初訴えた相手のUFJは、前年の〇五年一〇月に三菱東京に吸収合併されていた。

和解契約で、裁判の経緯については触れない約束になっているので、どういう経緯で和解したかについては、本書でも明らかにすることはできない。

ただUFJの案件が訴訟になったことで、世間一般には「銀行の合併は、必ずしも財務省や金融庁の言う通りにやっているわけではない」という見方がかなり浸透したようだ。

UFJトップの一斉交代が第一原因

基本合意まで進んでいたUFJ信託との経営統合交渉がこうした展開になってしまったことは、私としては本当に残念なことだった。要因はさまざまあると思う。一つには、途中でUFJグループの経営トップが一斉に替わってしまったことだ。

基本合意について記者会見したときの私のカウンターパート(相手役)は、UFJ銀行の寺西正司頭取だった。だがそれからまもなくUFJはグループの経営陣を一新せざるを得なくなってしまった。われわれの熱意やそれまで積み上げてきた関係が、新経営陣にどれだけご理解いただけたか、正直わからない。

〇四年五月、ＵＦＪ銀行の新頭取となった沖原隆宗氏は、当局の介入で退任させられる形となった寺西頭取の後を継ぎ、急遽《きゆうきよ》指名を受けることになった。

私はＵＦＪグループの経営は、「増資は可能。本体がどこかと合併しなくとも、ＵＦＪ信託を売却すれば大丈夫」と判断していた。

当時の銀行界はまだバブル崩壊の後遺症を多少なりとも引きずっていた状態であり、連続赤字の件はあったにしても、決してＵＦＪ銀行の財務内容だけが突出して悪かったわけではない。

ただ、新しく就任したばかりでマスコミにたたかれた玉越ＵＦＪホールディングス社長と沖原ＵＦＪ銀行頭取には、そうは思えなかったのだろう。相当に動揺されたのではないだろうか。

おそらく就任間もない六月のうちに、「もう単独ではやっていけない。丸ごと経営統合してもらうしかない」という思いが生まれたのではないか。

三井住友フィナンシャルグループの対応

私がそう考えるのは、その時期にＵＦＪ側から三井住友フィナンシャルグループへのアプローチがあったことを、西川善文社長の回顧録『ザ・ラストバンカー』（講談社）を読んで知ったからである。

同書によると、ＵＦＪが三菱東京側に走る一カ月前の〇四年六月、西川社長はＵＦＪ銀行の沖原隆宗頭取とＵＦＪホールディングスの玉越良介社長に誘われ、南麻布の料亭で会食したという。

このときの会食は四時間に及び、その時点で西川社長は、会食の趣旨がＵＦＪ側からの三井住友フィナンシャルグループへの合併の打診であることを、察知した。

にもかかわらず、同書によればＵＦＪ側はその会食の場で、合併の話題に触れようとしなかった。統合の話が出ないまま会食はお開きとなり、その後、西川社長は部下の種橋潤治《たねはしじゅんじ》取締役企画部長と國部毅《くにべたけし》企画部次長の幹部二人に、ＵＦＪとの統合問題を相談した。

だが二人から「ＵＦＪは問題が多すぎる」と指摘され、それ以上は話を進めようとしなかったということである。同書の記述は、それだけを読むと不可解な内容である。

六月時点で合併の打診を求めて会食を行ったとすれば、それはＵＦＪ側にとっては、企業の存続を懸けた場のはずである。遠慮して本題を言い出せなかったとは、考えにくい。

また西川社長が経営幹部二人の指摘を受けて話を止めてしまったというのも、奇妙に感じられる。この件は、そういう立ち話のレベルで判断すべき問題ではない。日本のメガバンクの序列を変える唯一のチャンスだったのである。

大魚を逸した

著書の中で西川社長は次のように総括している。

「今から考えれば、ＵＦＪの沖原頭取などが私にサインを送ってきたのは、本音では東京三菱と組みたくはなかったのではないかと思う。それを機敏に感じ取り、もっと早く住友信託とＵＦＪ信託の統合を固めておけば、ＵＦＪ本体も我々の仲間となっただろう。正直に申せば、大魚を逸したということだ」

ＵＦＪグループが「信託の売却だけでは生き残れない。グループ全体としての合併が必要だ」と考えたとき、当面の相手としてまず思い浮かぶのは、三井住友フィナンシャルグループだったはずである。どちらも関西系同士で相性がいいというだけでなく、このときすでにＵＦＪ信託と住友信託の経営統合が進んでいたことも、大きな要因となる。仮にＵＦＪ銀行が三井住友銀行と合併することになっていたら、ＵＦＪ信託は住友信託銀行と合併すればいいわけで、違約問題が起きる心配はないからだ。

しかし三井住友フィナンシャルグループは動かなかった。

それは西川社長の判断ではなかったはずである。もし六月の時点で、西川社長が自らの判断でＵＦＪ側の合併の打診を見送ったのであれば、裁判が始まった七月になって、三井住友側からＵＦＪに、合併を求める文書を送ったりするはずがない。著書で「大魚を逸した」と残念がっておられる点から見ても、西川社長自身はＵＦＪとの経営統合を熱望されていたと思う。

西川社長は著書で明らかにした六月のＵＦＪ経営陣との会談について、私に話してくれたことはなかった。合併の話が出てこなかったこともあり、新経営陣となったばかりの沖原頭取や玉越社長が、それほど真剣に合併相手を探しているとは、考えておられなかったのだろう。それに気がつかなかったのは、私と同じように、「UFJは信託を手放せば生き残れる」と読んでおられたからではないか。

総合するとUFJ側は三井住友側から否定的なメッセージを受け取っていたように感じられる。UFJとしては、三井住友がダメだとすると、ほかに候補となるのは、三菱東京フィナンシャル・グループか、みずほフィナンシャルグループしかない。そのうち、みずほはシステムトラブルの余波や内紛があって、とても合併相手にはならない。結局、三井住友の反応に絶望した末に、消去法で三菱東京を頼ったということだろう。

間接情報だが、三菱東京側はUFJに、「統合でもし財務内容が悪くなれば、公的資金の導入もいといません。公的資金を使ってでも合併しましょう」と持ちかけていたとも聞いている。おそらく六月の西川社長との会食の後、三菱東京側からUFJに声をかけたのではないだろうか。「UFJは一人では立っていられない」ということは、当時の金融界ではみな思っていたことだった。

私は法廷闘争の最中から、UFJ側の態度に腑《ふ》に落ちないものを感じていた。

UFJはなぜ、三井住友を蹴って三菱を選んだのか。なぜ八月二四日に西川社長が送付した、対等合併という破格の好条件にも、耳を傾けようとしなかったのか。

西川社長の回顧録を読んで、ストーリーとして得心がいかなかった部分が、やっと埋まったという気がしている。

七年半の社長在任

私はＵＦＪとの裁判の決着を待つことなく、二〇〇五年六月末をもって、社長の座を降り、会長に就くことを決めた。すでに〇四年八月、仮処分請求が却下された時点で、ＵＦＪ信託との経営統合の道は断たれていた。裁判に負けたからというわけではないが、傷ついた心を引きずりながら一年近く経営トップを務めたことは、株主や従業員に申し訳なかったと思っている。

退任直後の〇六年三月期決算において、住友信託の連結純利益は一〇〇〇億円に達し、〇四年、〇五年に続いて三期連続で最高益を更新している。メガ信託銀行を誕生させて花道を飾ることはできなかったが、経営者として、まずは恥ずかしくない結果を残すことができた。

後任社長となったのは副社長であった森田豊《もりたゆたか》氏だが、残念ながら森田氏はわずかその一年後、〇六年秋に食道がんを発病し、社長としての激務を続けることが難しくなってしまった。このため〇八年一月をもって退任し、常陰均・常務執行役員が代わって社長に昇格した。

森田氏はその後、〇九年一二月に亡くなられている。この場を借りて、深く冥福をお祈りしたい。

第七章

メガ信託誕生

——住友と中央三井の合併

メガバンクの是非

大きいことは善いことか

二〇〇八年秋、米国の証券会社リーマン・ブラザーズの倒産をきっかけに、米国と欧州において金融資産の流動性が失われる信用危機が勃発した。

金融工学を駆使した証券化の発達という背景はあったにせよ、不動産担保をベースとして膨張しすぎた信用が限界に達して崩壊したという意味で、リーマン・ショックもまた、史上、幾度となく繰り返されてきた不動産バブル崩壊にほかならない。ただその後の展開が以前の金融危機と大きく異なるのは、欧州各国政府が巨大化した自国銀行を潰すに潰せなくなり、その救済措置が政府債務危機を招いてしまったことである。

史上、銀行は危機に遭うたびに生き残りをかけて規模の拡大をめざしてきた。

なぜなら大きすぎる銀行は、潰されることはないからだ。

バブル崩壊の過程で日本政府がそうであったように、米国政府も小さな銀行が倒れることは無視し、大きな銀行は倒さぬよう救いの手を差し伸べた。破綻《はたん》に瀕《ひん》したリーマン・ブラザーズを救済するための公的資金注入を実行しなかったのは、それが銀行ではなく証券会社だったからにすぎない。

米国政府と米連邦準備制度理事会（ＦＲＢ）はリーマン・ブラザーズ破綻の直前に、経営危機に陥っていた二つの政府系住宅金融機関に公的資金を投入し、救済している。いずれも個人向け住宅ローンの発行・保証を事業の中心とする連邦住宅抵当金庫（ファニーメイ）と連邦住宅貸付抵当公社（フレディーマック）である。米国政府はリーマン・ブラザーズ倒産の後にも、世界最大の保険会社であるＡＩＧ（アメリカン・インターナショナル・グループ）に対し八五〇億ドルの緊急融資を行い、これを救済している。ＡＩＧは政府系ではない民間金融機関である。

米国は自由主義経済の国だと思われているが、こうした政府による個別金融機関の救済を批判する声は当時、ほとんどなかった。むしろ、「まだ不十分だ」という声のほうが大きかった。

どうやら彼らは「潰せなくなるほど大きくなる」という目的は達したようだ。

欧州の銀行もまた、欧州連合（ＥＵ）の誕生に前後して、国境を超えた再編を繰り返し、巨大化していった。しかし今、その大きすぎる銀行の経営が危うくなり、国家でさえ面倒を見きれなくなってしまう事態が起きている。

彼の地で銀行が大きくなったのは、果たして「善いこと」だったのだろうか。

「投資銀行」は「銀行」ではない

もともと米国ではバンキングビジネスは、さほど高尚な事業とは見られていない。

米国では一九七〇年代に、住宅用不動産の抵当貸付を手がけるS&L（貯蓄貸付組合）が大量に経営破綻している。そうした小規模な金融機関の受付の給与水準は低い。

逆にオフィサーである経営者やトレーダーは莫大《ばくだい》な収入を得ているが、では彼らが社会的に大いに尊敬されているかというと、それも言いがたい。

欧米の投資銀行は日本で言えば証券会社に近く、その実態は投資ファンドあるいはコンサルタント業である。本来の銀行とは異なる金融機関であるのに、英語の「インベストメントバンク」を「投資銀行」と翻訳したものだから、政治家やメディアが日本風の銀行と間違えてしまうことになった。

欧米の大手銀行が多額の公的資金を受けるに至った経緯を振り返ってみると、銀行が金融仲介という本来の姿から外れ、投資という名の下にマネーゲームに狂奔したことが大きな要因となっている。リーマン・ショックは、銀行経営者のとどまることを知らない貪欲さの結果なのである。

しかし貪欲な行動で経済の混乱の原因を作ったにもかかわらず、リーマン・ショックで破綻したり救済されたりした大銀行のトップが、罪に問われることはなかった。逆に信じがたい高額な報酬や退職金を受け取って去っていった。それに対する市民の不満がウォールストリート占拠運動などにつながった面もあるだろう。

銀行の本質は金融仲介業

日本の銀行では、経営者はもちろん、個々の従業員に至るまで、「個人から企業、公共団体への資金の流れを仲介するのが自分たちの仕事である」という意識を持っている。「銀行の役割は金融仲介である」という社会的役割を自覚し、責任感を持って仕事している。バブルの最中ですら、そうした意識から離れたことはなかった。

海外でも「バンカー」と呼ばれる一部の人たちは、同じ意識を持っている。

かつて米国で大恐慌が起きたとき、フランクリン・ルーズベルト大統領は金融制度改革を行い、その際には「資産を預かって運用することは神聖な仕事である」とスピーチしている。

しかし私は、日本に進出してきている米国の投資銀行の関係者たちに、そうした意識を感じたことはない。おそらく米国本国の投資銀行の経営者たちにも、「自分たちの社会的な役割は金融仲介である」という考えはないだろう。銀行という業務を、実体経済をうまく回していくという社会的な役割を果たすものとしてではなく、金もうけの材料と捉えているのではないか。「お金を道具として利用し、金もうけをすることが金融である」と考えている印象がある。

世紀が変わり目にあった二〇〇〇年前後、日本の金融制度について語る学者、政治家、マスメディアは口をそろえて「日本の銀行は多すぎる。再編して数を減らし、ニューヨークやロンドンの投資銀行と互角に渡り合えるマネーセンターバンクをめざせ」と主張していた。

当時、世界的に見て規模が小さかった日本の銀行は、その後に合併を繰り返してメガバンクとなった。これによって「日本のメガバンクが世界を席巻する」と思っていた人もいたようだが、今のところはその気配はない。以前に比べ、さほどもうかっているわけでもない。そのことに大いに失望している人もいるようだ。その人たちは、日本の銀行が再編によって巨大化すれば、欧米の投資銀行並みの高収益企業になると思っていたのだろう。日本の銀行は合併と再編を進めたが、そうした再編の結果生まれてくるものとして、巨額の利益を上げる米投資銀行の姿を思い描いていたとすれば、それは思い違いだ。銀行と投資銀行は業務としては別ものなのだ。

規模のメリットに疑問

私は、国際化時代に際して、国際業務を続けていくためのミニマムラインはあるとしても、銀行が一定ラインを超えて規模を拡大するメリットは、それほどないと考えている。

巨大な組織がそれほど効率がいいかどうか、疑わしい。問題は規模よりも中身である。

日本のメガバンクは、一時期盛んだったユニバーサルバンク（総合金融機関）、金融のワンストップサービスの提供という発想から抜けきらず、顧客のポートフォリオ（資産構成）作成や投資アドバイスにおいて求められる業務の専門性に対する敬意が薄いままに規模を拡大してきたのではないだろうか。投資銀行とリテール（小口）金融を同じ組織でやるというモデルに問題はないのだろうか。日本のメガバンクが、「客を囲い込む」という論理で総合化をめざしてきたとしたら、それは間違いである。お客様により大きな満足を与えていくためには、高度に専門的なサービスを提供しなくてはならない。銀行経営者は単に「潰されないために大きくなる」というだけでなく、「何のための合併・統合か」という視点をはっきりさせて行動すべきである。

私はまた、銀行の本質は金融仲介業であり、仲介業務には巨額な利益は必要ないと思っている。銀行がやみくもに利益を追求すれば必ず、本来の金融仲介業務とは異なる方面に進出することになり、いびつな姿になってゆく。

その意味では欧米の投資銀行は、日本の銀行が模範とすべき相手ではない。

私的再編論

企業合同の歴史

私は銀行に限らず、企業経営に再編戦略は本来、必要ないと思っている。

企業は「今のまま単独で成長していきたい」という姿勢が基本であり、それがエネルギーにもなる。合併にはたどり着くまでにもさまざまなハードルがあるし、合併してからもいろいろな障害が予想される。だから「できることなら単独でやっていきたい」と思うのが経営者の考え方だ。

米国では株主の権利が強いため、成功している企業であっても、株主が当座の利益を得るために無関係な相手に売り払われるということが起きる。幸い、日本ではあまり会社を商品として見ないので、米国ほど合併や買収は激しくない。ただ日本であっても、外部環境の問題で、オーガニックグロース（単独の努力による成長）を待てない場合がある。

最近の例でわかりやすいのは、住友金属工業と新日本製鉄の合併だろう。

両社とも日本国内では巨大企業であったが、世界のマーケットで合従連衡が進み、相対的に規模が小さくなってしまった。世界を見渡せば、中国が鉄鋼生産量で世界のトップに躍り出て、インド企業も世界の舞台に登場してきた。そのまま放置すれば自分たちが吸収されてしまう可能性が出てきた。生産効率の問題も含め、今のままではいけないということになってきた。両社の合併は、グローバリゼーション（国際化）の結果といえる。

このような、単独の努力による成長を待てない外部環境から、再編戦略が生まれてくる。

企業の適正規模は時代により変わってくる。そしてほとんどの場合、より大きくなる方向で切り上がっていく。今は日本全国に一〇しかない電力会社にしても、国家統制になる前は各県に一つぐらいあったのだ。明治時代までさかのぼると、それぞれの村に一つぐらいあった。造り酒屋でもやるような感覚で電力事業をやっていたのである。

その造り酒屋も今はずいぶん減っている。昔はちょっとした規模の村には必ず一つあったものだが、今は県に三つか四つもあればいいほうになってしまった。

押し寄せるグローバリゼーションの波

私が社長に就任した一九九八年ごろは、ちょうど日本の金融の世界に、日本版金融ビッグバンという自由化の波と、グローバリゼーションという国際化の波が同時に押し寄せてきたときだった。それまで国内だけで競っていたものが、グローバル競争の時代に変わってしまったのだ。経済構造が激しく変化しており、金融再編は避けられない情勢だった。

「これからプレーヤーとしてやっていくには、ある程度の規模が必須となる。生き残りのために、必ず再編を迫られるだろう」という状況認識があった。

そういうマーケットでは、目立たずにうまく立ち回ろうとか、どこかにくっついて余禄に与《あずか》ろうとか、そういう都合のいい戦略はない。「機会があれば逃げず正面に出て、資本も人材も厚くしていかなければいけない」と考えていた。

もう一つ生きる道があるとすれば、地方に密着して、信用金庫スタイルで営業していくことだ。

個人と中小企業を顧客として、ある地方に特化してやっていく。これはいつの時代も見られるスタイルだ。ただ、われわれはすでに都市型になっていたので、そういう道は取れなかった。

激動の時代の経営者の一人として、私もいくつかの合併や再編に挑んできたが、成功しなかった。株主、取引先、従業員の利益に展望が開けない合併や再編には意味がない、と考えてきたので独立路線を貫くことになったが、名前を変えずに経営を続けることができたことも、それはそれで褒められている。

社長に就任してから経営の現場から退くまで、ずっと住友信託銀行という一つの名前で、単独で生き残ることができた理由を考えると、日本長期信用銀行（長銀）との合併が流れた後、「強い経営体を維持することで、選択肢を確保する」という方向性を打ち出せたことが、大きく影響していると感じる。九八年当時には大手銀行はまだ一九行あり、再編といってもいろいろな選択肢が考えられた。「金融再編はこれから五年ぐらいは続くだろう」と思っていたし、現にそうなった。私は長銀問題以降は「相手はここだ」と決め打ちはせず、「再編の相手の選択を自らできるような、強い銀行であろう」とだけ考えていた。

民間経営は「板子一枚下は地獄」

当社程度の規模では、確かに経営に気は抜けない。少しでも業績が落ちれば、たちまち買収の危険にさらされる。つねに「板子《いたご》一枚下は地獄」という緊張を突きつけられていた。しかし会社の経営とは本来、そういうものである。単独経営だからといって苦労が多かったとは思っていない。「独自路線でやっていけるのか」という声は社内にもあったが、早急に再編に動くことが最良の選択肢だとは、私自身は考えていなかった。

もともと私はメガバンクの統合にやや懐疑的だった。一つには各行とも不良債権という負の遺産を抱えたままだったからだ。負の遺産は大きくなればなるほど、処理することが大変になる。

われわれは小粒なだけに、不良債権処理も比較的容易だった。この点では単独経営のプラス面が働いたと思う。幸いにも株式市場からは、その点を高く評価していただいていた。

メガバンク再編に距離を置き、不良債権処理や経営効率化といった地道な作業をやり抜いたことが、単独での生き残り、三年連続での最高益の更新という結果になったと考えている。

私は、当たり前のことを当たり前にやってきただけなのである。

銀行デパート論が主流

銀行業界でも、再編論が強く出てくる時期がある。

背景は時代により異なる。

バブル崩壊までの金融再編論は、「ユニバーサルバンクを作るべし」というものだった。「銀行をあらゆる金融サービスを一カ所で済ませられる金融のデパートとすることで、効率化と顧客利便が図れる」という、やや観念的な考え方に基づくものだった。業界、学者の間では「銀行デパート論」として主流をなす考え方であった。

金融のワンストップサービスは、きわめてシンプルな商品の提供においては有効だが、信託銀行が主力としているような、信託や証券のコンサルティングにはなじまない。

日銀総裁となった澄田智《すみたさとし》氏が、昭和四〇年代にまだ大蔵省（現財務省）で銀行局長をやっておられたとき以来、「銀行の数を減らして金融の効率化をめざす」という行政の流れがあり、その流れがユニバーサルバンク論につながっている。

もっとも、それは当局の考え方であって、民間は別にそんなことは考えてはいなかった。ただその当時は、銀行は預金さえあれば利益が出たので、「規模を大きくしたい」という思いはどこもあっただろう。

専門金融機関制度の後退

一九九〇年代に入ると、以前にも増して金融制度改革論議が盛んになった。

都銀、長信銀、信託、証券などに分かれていた金融機関の種別をなくし、垣根を取り払ってしまって、それまで異業種だった金融機関同士を一緒にしてしまおうという考え方である。

当局は財閥の系列ごとに、三菱信託であれば三菱銀行、三井信託であれば三井銀行と合併させたがっていた。住友信託で言えば、「どうやって住友銀行と一緒にさせるか」というのが、当局におけるテーマだった。われわれに再編戦略があるとかないとかではなく、理念としてそういう圧力がこちらに来たわけである。これに対して三井、三菱、住友の三信託は、金融制度調査会などでもつねに「専門機関による金融制度の有効性」を主張していた。この三社となった理由は、安田信託はすでに富士銀行との提携に乗り出していたためだ。

九一年に取締役業務部長に就任した私は、政財界や大蔵省に足を運んでは、「信託は大銀行が片手間にできる仕事ではない」と説いて回った。当時「高橋の辻説法」と話題になっていたようだ。

長期金融機関である日本興業銀行、日本長期信用銀行、日本債券信用銀行の三行も専門機関による金融制度の有効性を訴えるという点では同じだった。

旧財閥系グループを軸とした金融機関の巨大化が、国民経済的に見て果たしてメリットが大きいかどうかは疑問である。少なくとも、私はそうは思わない。むしろ、それまで多様なプレーヤーで構成されていた日本の銀行業界が、金太郎アメのような少数のメガバンクに収斂《しゅうれん》されるべきだという発想は、あまりに貧困ではないかと感じていた。といっても、われわれの主張していた専門機関金融制度は、少数の理解者を得るにとどまっていた。

この「ワンストップサービスの提供」「金融制度改革」に続く、もう一つの銀行再編論は、九〇年代後半の金融危機以降に出てきた「巨大化することで経営が安定する」という議論である。

これは当局側よりも、金融機関側の思惑だった。

銀行は、大きくなると潰せなくなる。巨大銀行を倒産させてしまうと、経済に与える衝撃があまりにも大きすぎるからだ。だから経営に不安を感じている銀行経営者ほど「潰せないほど大きくなれば、いざというとき政府が助けてくれる」と考えがちである。

私はかつて米国で、大手格付け機関ムーディーズの担当者と議論を戦わせたことがある。彼らの言い分もまた、「大きな傘に入ってさえいれば安心」というものだった。

住友銀行との関係

当局の思想的後押しもあって、住友銀行もまた「住友信託を合併するのが正しい方向だ」と頭から思い込んでいる節があった。彼らは「合併は時間の問題だ」と思っていたようだ。内部でそういう教育をしていたのかもしれない。ある意味でＤＮＡ（遺伝子）のようなものだ。

投資家やアナリストが歴代の住友銀行の頭取に「御社には信託サービスがないようですが」と聞くのだが、そのとき「なくてもいいではないか」と言えばいいのに、そうは言わない。何か「今の自分たちは正しい形になっていない」と思っている様子なのだ。住友銀行も、この問題についてどう対応すればいいのか、内心では困っていたのかもしれない。人から聞かれるし、かといって住友信託の歴代の経営陣は一人として、合併話にいい顔はしないのだから。

困るのは、社外にも「住友信託はいずれ住友銀行と一緒になるのだろう」と思い込んでいる人がいることだった。「住友銀行の西川《にしかわ》頭取との食事を斡旋《あっせん》しましょうか」などと言われたこともある。

この問題は、別に私が西川善文《よしふみ》氏を好きとか嫌いとかいう次元の話ではない。私は西川氏とは二人だけでも二回ほど、複数では何度も一緒に飲んだことがある。だがそうした場で、「合併しましょう」と言われたことはない。本音の部分では合併したいと思っていたのかもしれないし、「そういう時代が来ればいいなあ」という顔付きはされていたが、直接そう言われたことはない。

「西川頭取は高橋社長に手を焼いていたのでは」という人もいるが、別にそんなこともなかっただろう。当社としては「今後も専門金融機関としてやっていく」という方針をオープンにしていたし、西川頭取自身、傘下の証券会社をどうするかという問題のほうが緊急で、信託をどうするかということは、とくに急ぎのテーマだとは思っていなかったはずである。

当社とは友好的な関係を維持していきたいという雰囲気ではあったが、無理をして進めるものではないと思われていたのではないだろうか。

信託と都銀のカルチャーの相違

「なぜ住友銀行との合併ではダメなのか」というと、要するにカルチャーが違うということだ。

信託には独特のカルチャーがある。よく冷やかされるのだが、われわれは信託銀行同士でお互いを「僚社」と呼んでいる。同業者同士、それほど互いへのシンパシーを持った関係にあるのだ。

日本の都市銀行の基本的なビジネスモデルは、給与振り込みと自動振り替えである。都銀は企業と協力して、世界に類を見ない効率的な資金吸収のインフラ（社会基盤）を自ら作り上げてきた。

そこには都銀の努力もさることながら、銀行に対する一般の人たちと企業の、世界的に見ると異常といっていいほどの強い信用があったと思う。

自動振り替えというシステムは、顧客が銀行を一〇〇%信用していなければ成り立たない。ほかの国では金融機関はそこまで信用されていない。自分たちがチェックしていなければ、どんなミスがあるか、どんな不正が行われるかわからないと思っている。米国人は銀行から請求書が来ても、必ず目を通して、内容をチェックしてから送金する。「ちゃんと見ておかないと、何があるかわからない」と思っているからだ。すべて銀行任せにして自動的に振り替えてもらうなどという制度は、世界に類を見ない、日本だけの特異なシステムなのだ。

振り込みと振り替えを中心業務とする都銀の強みは、効率的で正確な大量処理にある。基本的に、短期中心の資金繰りを提供するコマーシャルバンク（商業銀行）なのである。

では信託銀行はどこに存立の基盤があるのだろうか。

信託銀行は「フィデューシャリー・デューティー（資産運用管理者としての重い責任）」を背負

うビジネスモデルである。さまざまなお客様のニーズを辛抱強く聞き出して、ロングランで対応するのが信託のビジネスだ。その思想は社員一人ひとりにまで浸透していて、年金のセールスなどでも、日ごろの取引もない相手に一〇年も通い続けたりしている。

こういう行動は、都銀の人たちには理解できないだろう。そして都銀のカルチャーはおそらく、異なった文化を受け入れない。都銀と一緒になってもなお、信託の専門性が生かされるとは、私にはとても思えないのである。

都銀と信託銀行の合併は難しい。系列が同じだから合併したほうがいいということにはならないのだ。仲がいい、悪いの問題ではなく、仕事が違い、体質が違い、文化が違うのである。

私は都市銀行との統合に関しては意義を見いだしていなかったし、その信念は一度も揺らいだことがないが、住友信託の中にも一部には、「住友銀行と合併してはどうか」と考えた人たちはいた。たとえば私が入社した一九六五年当時の役員は、もともと住友本社に入社してたまたま「信託」に配属された人たちである。その世代は合併に対して心理的に抵抗が少なかったのではないか。

逆に分離してから住友信託銀行に入ってきた人は「住友銀行とは一緒にならない」ということが、こちらはこちらである種のＤＮＡになっていた。「住友銀行が嫌いだから」という理由で、当社に来た人も多いのである。

合併相手としては住友銀行のほか、大和銀行などもうわさには出ていた。こちらも日本トラスティ・サービス信託銀行（ＪＴＳＢ）のパートナーとして話をしたことはあったが、統合を申し入れられたことはない。

一方でわれわれとしても、いくら信託銀行の専門性を生かしていくといっても、ほどよい湯加減で小粒なままでいつまでもやっていけるとは思っていなかった。

長銀との合併話、そしてＵＦＪ信託買収の話というものも、そういういろいろな事情があり、それなりの動機があって着手したものだ。

中央三井との経営統合

自然な流れ

一九九八年、当社と長銀との経営統合の試みが不調に終わった後、大手銀行による再編は急速に進み始めた。

当社にかかわる動きとしては、二〇〇一年四月、同じ住友グループである住友銀行がさくら銀行と合併して三井住友銀行となり、同じ年に損害保険業界では、合併で三井住友海上火災保険が誕生している。いずれも「住友―三井」の組み合わせである。

その間には三菱信託と住友信託が合併するといううわさもあり、それが日本経済新聞に書かれたりしたが、これは根拠がない完全な臆測記事である。

銀行再編が進み、プレーヤーの数が減っていく中で、独立経営を維持していた当社が合併する先は、次第に絞られてきた。その中でつねに最初に候補として挙げられてきたのが、三井グループの信託銀行である中央三井信託銀行である。

とりわけUFJ信託の買収が流れた後の再編戦略としては、事実上、中央三井信託銀行しか相手が残っていなかった。

UFJグループが三菱東京グループに合流したため、現在の銀行界は三菱東京UFJ、みずほ、三井住友の三つのグループに分かれている。当社がほかのグループの金融機関と合併したのでは、住友、三井両グループの間で系列のねじれが起きてしまう。その意味で当社の合併相手として中央三井信託銀行が挙げられるのは、自然な流れだった。

過去には二〇〇〇年六月に設立したJTSBのように、当社と中央三井信託銀行（〇二年二月にJTSB参加）との間で、共同事業化して成功したプロジェクトもあった。

といっても合併というものは「あちらがダメなので、すぐこちらへ」という話ではない。

中央三井信託銀行は、二〇〇〇年に三井信託銀行と中央信託銀行が合併して生まれた銀行である。経営陣は合併後の統合作業で多忙が続いていた。

すでに申し上げたように、再編について私は、基本的に当社が合併後の主体となる形が望ましいと考えてきた。ただし、あくまでケース・バイ・ケースだとも思っていた。

中央三井側も考えは同じはずで、そう簡単にはいかない。だから無理に進めようとまでは考えなかった。中央三井側にも合併を急ぐ理由はなかった。

いずれ住友と三井の組み合わせで統合する流れだろうという感覚はお互いにあったものの、当面はそれぞれ足場を強化することに専念していた。

二〇〇五年春、一時中断

〇四年の夏ごろ、当社と中央三井の経営陣の間で、合併を意識した会話をするようになった。私は当時から、〇五年六月には社長を退こうと考えていたので、可能であれば社長在任中に合併のめどをつけておきたいという思いがあった。

だが合併には、クリアするべきテーマがたくさんある。

このときは〇五年二月ぐらいまで話が続いたが、結局は統合比率といった事務的な段階まで話が進まないまま、話が止まってしまった。

私は「無理に進めて将来に禍根を残すより、ある程度冷却期間をおいたほうがいい」と判断した。企業合併は天の時、地の利、人の和がうまくそろわないと難しい。

自分の任期に会わせて無理にやるべきものでもないし、いずれそのときが来たら改めて、というのがお互いの暗黙の了解となった。

私の後任となった森田豊《もりたゆたか》社長の時代も、中央三井との合併話の進展はなかった。その一方で、仲たがいしたことも一度もない。ずっと幹部同士のコミュニケーションが続いている間柄だった。

その後、森田豊社長の健康問題により、〇八年一月、常陰均《つねかげひとし》常務が新社長に就任した。

天の配剤、常陰―田辺で進展

二〇〇八年に就任した住友信託の常陰均社長は、中央三井信託の田辺《たなべ》和夫《かずお》社長との間で、両社の経営統合について積極的に話を進めていった。

中央三井信託はリーマン・ショックによる株式評価損などで、〇九年三月期に多額の赤字を計上していた。このため自社の株価も下落し、返済予定であった公的資金の返済、すなわち優先株式の買い取りが不可能となってしまった。

同年八月に優先株が普通株へ強制転換された結果、中央三井信託の持ち株会社である、中央三井トラスト・ホールディングスの筆頭株主が、整理回収機構ということになった。

公的資金の返済に明確なルールはなかったが、金融庁は国民負担が生じないよう、株価が簿価を上回ることを条件としていた。政府が持っている中央三井信託株の簿価は四〇〇円であり、市場価格がそれを下回っていると、返済したくともできないのである。

リーマン・ショックにより日本の金融システムが揺らぐことはなかったが、前途多難な経営環境であったことは欧米と同じである。この時期に常陰社長と田辺社長がそれぞれのトップであったことは、まさに「天の配剤」としか言いようがない。

この件はトップダウンによる統合だった。トップが決断した後で、事務方でいろいろな問題を詰めていったという段取りだった。

常陰、田辺両社長はともに経営の中枢にいた期間が長く、再編問題に深い知見があった。業界が同じでスケールもそう違わないので、相手のことも熟知している。あとは社長同士の気合が決め手になった。統合に向けた大きな流れがあり、その中で両者が決断できたということだ。

中央三井信託経営陣の再編に関しての考え方は、おそらくわれわれとほぼ同じだったと思う。財閥系信託銀行として、都銀との合併話が歴代の経営課題として検討されていた。しかし実現しなかったのは、やはりカルチャーの違いから来るためらいがあったのだろう。

住友信託との合併を検討していた時期にも、三井住友フィナンシャルグループとの経営統合のうわさもささやかれていた。しかし、そういう声はかえって「メガバンクにのみ込まれたくない」という中央三井信託への後押しとなったのではないだろうか。

住友信託と中央三井信託について言えば、両社はもともとカルチャーが近い。当社も中央三井も長年、専門金融機関として生きてきて、業務内容もほとんど同じだ。その意味で都銀との合併に比べると、統合へのハードルが低かった。

これまでなかなか進展しなかった話だったが、今回は一気に進展し、〇九年一一月六日、「住友信託銀行と中央三井トラスト・グループが一一年春をめどに経営統合することで大筋合意」したことが発表された。

一〇年八月二四日には、東京・丸の内にて、常陰均住友信託銀行社長と田辺和夫中央三井トラスト・ホールディングス社長が統合の最終合意を発表している。

最終合意の際、常陰均社長は「メガバンクとは一線を画す」と述べ、信託銀行としての独立路線を堅持することを明らかにした。思いは中央三井の田辺社長も同じであろう。

新銀行誕生に寄せて

メガ信託誕生

二〇一二年四月一日、持ち株会社の三井住友トラスト・ホールディングスの下、住友信託、中央三井信託、中央三井アセット信託の三銀行が合併して「三井住友信託銀行」が誕生した。

新銀行の連結総資産は三六兆円超となり、国内グループで第五位。信託財産は計一一八兆円に上り、同一〇一兆円の三菱UFJ信託銀行を抜いてトップに立った。

資産管理残高など多くの指標で国内首位となる「メガ信託」の誕生である。

住友信託は、一九九〇年代後半から始まった金融再編の動きの中で独立路線を貫いてきた。このため今回は、五二年に「住友信託銀行」という社名になって以来、実に六〇年ぶりの社名変更となった。

また住友信託は二五年に大阪で営業を開始して以来、大阪・北浜の住友ビルに本店を置いてきたが、新銀行の本店は東京となった。これも八七年ぶりのことだ。

金融界全体を見通しても、両社の合併は、九〇年代以来、およそ三〇年に及ぶ日本の金融再編劇における、一つの大きな区切りといえる。

かくして、器はできた。あとは統合効果をどう出していくかがポイントになる。形の上で合併したからといって、そう簡単に事業の再編が進むわけではない。本当の意味での統合に向けた道のりは、まだまだこれからである。

二社の合併を、単なる規模の拡大に終わらせてはいけない。組織のダイナミズムを高め、具体的な成果につなげてこそ、「真のトップ・トラストバンク」と胸を張ることができる。

なかった。

顧客基盤が飛躍的に拡大

統合後に効率化を進め、規模のメリットを出していくのは、非常に難しいことだ。

メガバンクでは合併後、支店を整理してかなりの店を閉鎖したが、おかげでお客様の評判はよくなかった。

金融業ではお客様の支持が何より大事だ。それを考えると、お互いの店舗は無理に統合しないほうがいいだろう。業務の効率以上に「いかにお客様に不便をかけないようにするか」を考えなくてはならない。

たとえばターミナル駅の東口と西口の双方に支店がある場合には、両方残したほうがお客様の利便性を損なわない。新会社では、新宿駅は西口と東口の両方を残す予定と聞くし、池袋もそうだという。

アナリストには評判が悪いかもしれないが、これは正しい方向だと私も感じる。お客様に不便をかけないようにすることが第一であり、そうした配慮の効果は、長い期間をかけて表れてくる。

今回の統合で有利な点の一つは、住友信託と中央三井の間で取引先の重複が少なかったことだ。合併後は上場会社の取引先がそれまでの一・五倍ぐらいの数になる。

これまでは住友信託が三井系の企業に営業に行って、門前払いされることも多かった。その逆もあっただろう。しかしこれからはそれもなくなる。中央三井信託が手がけていなかった住友信託のサービスも提供できるようになる。

両社は得意分野も異なっていた。

住友信託は年金運用や不動産分野などに強みを持つ一方、中央三井は住宅ローンや投資信託などの個人業務分野が強く、相互補完的な組み合わせだ。

お互いやっているサービス内容が違うから「いいとこ取り」ができる。

もともと信託銀行は資産管理に高度なシステムが必要で、システム投資コストがかさむことから、統合による規模のメリットが働きやすい事業形態だと言われている。

メガバンクの例を見るまでもなく、システムをどうやって支障なく再構築するかは大きな課題だ。住友信託とりそな銀行、三井トラスト・ホールディングスが出資し、資産管理業務をしているJTSBでは、住友信託のシステムが採用され、ほかのものは破棄することになった。破棄には当然コストがかかるため、その費用は各社で分担した。そうした一時的な費用はかかるが、それでも全体として見れば規模が拡大することで、システム投資効率は高くなっている。

システムのほかにも証券代行業務の分野などでは、規模の利益が期待できる。

逆に資産運用業務などはそれぞれの部門が競争して、イノベーション（革新）を生んでいったほうが効率がいい。

住友信託が提携している米国の資産運用会社、アライアンス・キャピタル・マネジメント・エル・ピーなどでは、アナリストとファンドマネジャーを競争させている。ファンドマネジャーはアナリストの意見を必ずしも聞く必要がない。その代わりファンドの実績が、アナリストが推奨するポートフォリオ（資産構成）を下回るとボーナスが出ない。逆に上回るとボーナスが増える仕組みになっている。アナリストといっても単なる学者ではないのだ。

人材の厚みが出てくると、個々に競争が生まれる場面も増えてくるし、人繰りもかなり楽になる。顧客の財産の運用管理についても、信託銀行としての特色を出すために大胆に人を投入できるから、サービスの質と量が向上するだろう。

社会的プレゼンスが向上

合併の利点の一つは、社会的なプレゼンス（存在感）の向上である。

私は二〇〇〇年ごろ、調査会社に依頼して住友信託銀行の認知度を調査してみたことがある。実際に取引をいただいた顧客の当社に対する評価は総じて高いのだが、そもそも当社の名前を知らない人が多いという結果だった。

これからは合併効果で支店数も増え、全国的なプレゼンスが高まるので、今まで利用していなかったお客様にも名前が浸透しやすくなるだろう。

それをどう生かすかが、新銀行成功のカギとなる。

これまでの日本では、信託はまだまだ十分に活用されていなかった。国内にニューマーケットがあるのが信託の特徴で、いかにそれを深く広く開拓していくかがポイントだ。統合により存在感が高まることを追い風として、これまで信託銀行を利用していなかった個人や法人のお客様を引きつけていかねばならない。

そして来ていただいたお客様に深く浸透できるかどうかは、世の中にうまくフィットした商品が開発できるかどうかにかかっている。

信託銀行の強みはストック（資産）ビジネスにある。給与振り込みなどフロー（収支）のビジネスは決済機能が強い都銀に向かいがちだが、都銀の預金運用先としては貸し付けと国債しかない。ここに信託が介在すると運用の幅が広がり、さまざまな分野に資金が回りやすくなる。このところ、低迷していた株式相場に持ち直しのきざしが見えており、腕のふるいどころといえる。

人材が厚くなったことで、新商品の開発も積極的にできるようになるはずだ。

現在のファンドラップ、お客様が途中で運用方針を変えられる仕組みの投資一任勘定も、「今の時代にこんなに売れるのか」と言われるぐらい販売好調となっているが、今後の大きな課題は、高齢化社会をにらんで適切な商品を提供していくことだ。

今の時代の特徴である高齢化は、バンキングビジネスにはアゲインスト（逆風）だが、信託に関してはかえってフォロー（追い風）となる。これまでとは異なる金融ニーズが高まってくるので、それを的確にキャッチできるかどうかが問われる。

アジアマーケットに重点

国際業務も今後は、より大胆に展開できるだろう。

これからの一〇年の経済の景色は、これまでの二〇年とはだいぶ違う。企業は、足元の日本は経済が停滞し、隣りあうアジア諸国では高度成長という状態で活動することになる。

これまでは国際業務を拡大しようとしても、陣容がなかなかついてこなかった。人材が厚くなれば日系企業のフォローを超えて、信託という得意分野で現地の需要にチャレンジできるようになる。開拓先としてはやはりアジア、中でも中国での信託事業は有望である。今のところ、現実に発生するビジネスはシンガポールあたりが多いが、やはり中国抜きにアジアのビジネスは語れない。

少し成長速度が低下したと言いつつも、日本に比べれば格段に高い経済成長率があるし、中国の金融当局者も、日本における信託銀行のような、長期的視点に立った業務を担う金融機関を望んでいる。中国の金融界は、リーマン・ショックまでは米国一辺倒だった。現地に行っても、米国留学帰りの人間ばかり出てきて、口を開けば「あなたはそう言うが、米国では」という反応だった。

幸いなことに、ここ数年は少し様子が変わって、「日本の金融スタイルも捨てたものではない」

と思い始めているようだ。

中国には現在、日本と同じような信託ビジネスは存在していない。向こうでいう信託は、実際には短期利益を追求する、欧米流の投資銀行に近いものだ。だが年金資金などについては、長期的な視点から管理運用してくれる金融機関に扱わせることが望ましい。

今後はそうした信託事業を行う会社を、中国でも育成しなければならない。

そして信託銀行のビジネスモデルが成り立つためには、信託に対する国民の理解、認知度を高める必要がある。

中国でそういう話をしたところ、当局もそれに賛成してくれ、「日本流の信託事業を中国で広めてほしい」というお言葉をいただいた。私も当社の人間を現地に派遣して、中国の金融機関を相手に信託についての講習会を開くなど、信託の普及に努めている。

ビジネスでは、お互いにメリットがあることが大切だ。海外に進出するにも、現地に何らかの貢献をしなければ、ビジネスも成長しない。

当面のもうけにはつながらなくとも、信託のような新しい分野で日本的商慣行になじんでもらうことが、われわれのビジネスを拡大するための早道なのだ。制度や法的なインフラをできるだけ日本と共通にしておくことで、われわれのビジネスチャンスも増える。そういう長期的な視点こそ、信託の真骨頂である。その意味では中国ビジネスは今が先行投資の期間だが、今後の成長分野であることは間違いない。

住友信託では南京の信託会社「紫金信託」に出資して、二〇一〇年一一月に営業をスタートしている。

中国で当面、需要があると見られるのは、日本ではかなり普及している金銭信託や、ファクタリング（企業が有する売り掛け債権を買い取り、その債権の回収を行う金融サービス）を含めた債権流動化ビジネスだろう。

最近では「インドも研究しよう」という雰囲気になっている。

インドは地方分権が徹底していて、地方によって法律も違っている。民主的ではあるが、一二億人もいて地方ごとにバラバラにやっているもので、簡単にはいかないだろう。各地の状況については、誰に聞いてもたいした情報がないので、自分たちで研究するしかない。

中国もインドも長期的案件だが、そこに取り組む余裕ができることが統合の効果だ。

日本マーケットも海外マーケットも、こと信託に関しては有望である。そういう意味で、「これからが信託の時代だ」と感じている。

新銀行の経営課題

このように理想に近い住友信託と中央三井信託銀行との経営統合だが、課題ももちろんある。

一つは、対等合併であることだ。

持ち株会社の社長は中央三井信託の北村邦太郎《きたむらくにたろう》氏、会長には住友信託の常陰均氏が就き、子会社となる合併後の信託銀行ではその逆に社長が常陰氏、会長が北村氏として、あくまで対等合併であることを示している。

こうした注意を払うのは大切なことだ。「あちらが勝った、こちらが勝った」などと言っていては、経営がスムーズに運ばなくなってしまう。「合併は対等の精神で」とよく言うが、現実の金融機関同士の合併を見ると、なかなかうまくいっていない。

幸いそれまでに同業としての長い歴史があったので、いずれどちらの会社の従業員も株主も、無理なく自然に意識が一つに固まっていくだろう。

もう一つの課題は、二〇〇〇億円の公的資金であったが、株式市場全体がアベノミクス（安倍晋三《あべしんぞう》内閣の経済政策）効果により後押しされたおかげもあり、二〇一三年三月一四日に完済することができた。

私は一九九八年に社長に就任したとき、最初に「三菱信託銀行を抜いて業界トップに立つ」という目標を掲げた。

長年、信託業界トップの座にあった三菱信託は、われわれとは違う道を歩んだ。

信託銀行同士の統合によって「メガ信託」をめざす代わりに、三菱グループとのつながりを優先した統合を選んだ。三菱には三菱の取引基盤があり、当社とは背景が違うので、良い悪いは一概には言えない。

今回の合併により、規模という点では業界トップに立つことができた。しかしお互いどの道を行くのが正しかったかは、今後の経営により試されることになる。


中央三井トラスト・ホールディングスとの経営統合が正式に決まった二〇一〇年の年末、私は「翌二〇一一年三月三一日付で住友信託銀行会長を退任する」と発表した。

統合相手となる中央三井信託の関係者は驚いたようだ。「なぜ、この時期に」といぶかる声も上がったと聞く。だが私はそれ以前から、「統合後の新しいボードメンバーには加わらない」と明言していた。

一足先に退任をした私に呼応するかのように、三井住友トラスト・ホールディングスの田辺和夫社長もまた、一二年四月一日の新銀行の誕生を待たず、その直前の三月末をもって相談役に退くことを発表した。

後任には同じく中央三井信託銀行出身の北村邦太郎副社長が昇格することとなった。

おわりに

二〇一一年三月一一日、私の郷里、岩手県を含む東北地方の太平洋側沖合を震源とする東日本大震災が発生した。

私は少年期まで、父祖伝来の地である岩手県八幡平市《はちまんたい》（元・松尾村）で過ごした。母は福島市の出であるから、いわば生粋の東北人である。目を閉じて故郷を思うとき、心に浮かぶのは、故郷の恵みと今は亡き父母のことである。

一九五二（昭和二七）年夏、小学校五年生のときに岩手県大槌町《おおつちちょう》の海浜学校に参加、初めて大海原、漁港というものを見た。私は子供のころ体が弱く、よく熱を出して学校を休んだのであるが、どういうわけかその年の冬は風邪もひかず、両親が「温《あつし》は今年は風邪をひかないね。潮風は体にいいんだね」と笑顔で会話していた風景を思い出す。あの港は……、泊まった学校は……、賄いをしてくれたおねえさんは……。

母は二〇〇九年、九四歳で亡くなったが、亡くなる数カ月前に少し話すことができた。それが最後の会話となったのであるが、私が「何か食べたいものある?」と聞いたところ、母は寝たきりで声も弱々しかったが、返事ははっきりと「郡山《こおりやま》の薄皮まんじゅうが食べたい」と聞きとれた。

母は日ごろ自分の郷里のことはあまり話さなかったが、最後には生まれ故郷に帰った。その福島の人たちは今、不条理な風評被害に苦しんでいる。

二〇一一年四月、住友信託銀行会長を退任した私は、岩手銀行の高橋真裕《たかはしまさひろ》頭取から、「本行の社外取締役を引き受けてほしい」旨の電話をいただいた。

詳しい経緯は省かせていただくが、郷里との縁も薄くなっていた身として、ありがたいお話であった。

岩手が未曽有《みぞう》の天災に襲われた直後のことでもあり、銀行での経験を生かして、少しでも郷里のために役立てる道筋が見えたような気持ちにもなった。

六月に社外取締役を正式に拝命し、以来、少なくとも月一回は東京─盛岡間を新幹線で往復することになった。

東北新幹線は東日本大震災の被災地である岩手、宮城、福島をフルカバーしている。学生時代から半世紀も車中うつらうつらと無為に過ごしてきた時間を取り戻すべく、往復五時間、ほとんど車窓に目をこらした。さまざまなことが何の脈絡もなく脳裏をよぎった。

東日本大震災で岩手県は死者、行方不明者合わせて六〇〇〇人を超える犠牲者を出した。日本中いや世界中からの支援の力で、今ようやく光がさしはじめているが、復興への道のりは遠い。

東日本大震災は、多くの人々にとって逆境と呼ぶにふさわしい状況を作り出したに違いない。金融危機や金融機関の淘汰《とうた》、そして金融再編の過程も、金融に携わる多くの人々にとって、逆境の時代であっただろう。しかし、私自身は決して逆境とは思っていなかった。これには、新渡戸《にとべ》稲造《いなぞう》博士による影響が少なからずあった。

『武士道』をはじめとする数々の著作で知られ、岩手県人の誇りでもある新渡戸稲造は、私たちに数々の人生訓を残している。中でも逆境に陥った人々を勇気づける言葉は、自らの体験に裏打ちされたものだけに重みがある。

『修養』に著された人生訓は、私なりの理解であるが、以下のように要約できる。「境遇の順逆は心がけ一つでいかようにでもなる。逆境にあっても心がけ一つで一条の光明が発見できる。人生の進歩は境遇に対峙《たいじ》して初めて起こるものである」

東日本大震災は、私たち一人ひとりにさまざまな境遇をもたらしたが、わが国の歴史に残る巨人の洞察に今なお学ぶべきことは多い。これに力を得て、東北地方がさらに輝かしい未来に向かって、進化することを願ってやまない。

最後にお願いを一つ。

二〇一二年一月、私は日本経済新聞夕刊に「あすへの話題」と題するコラムを週に一本、六カ月にわたり連載することになった。

私はコラムの執筆者に指名されたことを奇貨として、全国の人々に岩手のことをもっと知ってもらおうと、岩手の歴史、文化がもつ普遍的価値、その今日的意義について語った。

被災直後、東北各地は災害の救助・復旧に従事する人々以外に来訪者を受け入れる余地がなく、観光産業は致命的打撃を受けたが、現在、受け入れ状況は大きく改善している。

被災した東北の人々は、日本の他地域の人たちが、とにかく東北の地を訪ねてくれることを熱望している。遠慮は無用である。ぜひ足を運び、東北の魅力を満喫してほしい。そのことが東北の人々を元気づけるに違いないからである。


なお本書は、朝日新聞・朝日新聞デジタルにおいて、二〇一一年一二月五日から一二年二月二七日まで連載された「〈証言そのとき〉再編を生き抜く」がもとになっている。上梓《じょうし》にあたっては、朝日新聞の原真人編集委員や大海英史デスク、丸石伸一デスク、上栗崇記者をはじめ、実に多くの方々のご協力やご理解をいただいた。この場を借りて深く感謝の意を表したい。

関連年表

年（年号）	出来事	総理大臣	大蔵大臣＊	日銀総裁
1985（昭和60）	プラザ合意	中曽根康弘	（略）	澄田　智
1987（昭和62）	ブラックマンデー（ニューヨーク株式市場急落）	竹下　登		
1989（平成1）	12月29日、日経平均株価史上最高値3万8915・87円	宇野宗佑 海部俊樹	橋本龍太郎	三重野康
1990（平成2）	三井銀行と太陽神戸銀行の合併により太陽神戸三井銀行が発足 大蔵省、不動産関連融資の総量規制導入			
1991（平成3）	協和銀行と埼玉銀行の合併により協和埼玉銀行が発足 バブル経済が崩壊	宮澤喜一	羽田　孜	
1992（平成4）	大蔵省が金融機関の不良債権額公表（主要21行「破綻先・延滞債権」約8兆円） 太陽神戸三井銀行がさくら銀行と改称 協和埼玉銀行があさひ銀行と改称		林　義郎	
1993（平成5）	金融制度改革法施行	細川護熙	藤井裕久	
1994（平成6）	日本信託銀行が三菱銀行子会社に	羽田　孜 村山富市	武村正義	松下康雄
1995（平成7）	阪神淡路大震災 大蔵省が不良債権額40兆円と公表 コスモ信用組合、木津信用組合、兵庫銀行が経営破綻			
1996（平成8）	三菱銀行と東京銀行の合併により東京三菱銀行が発足 住専処理法成立、6850億円の財政資金投入を含む処理案決定 日本住宅金融など住宅金融専門会社7社が経営破綻 2001年目標の日本版金融ビッグバン構想発表	橋本龍太郎	久保　亘 三塚　博	

＊2001年1月6日以降は金融担当大臣

1997（平成9）
三洋証券、北海道拓殖銀行、山一證券が経営破綻

1998（平成10）
長野オリンピック
住友信託銀行社長に高橋温（私）が就任
第1次公的資金注入（大手21銀行に総計1・8兆円）
金融監督庁設置
日本長期信用銀行（長銀）と住友信託銀行が合併交渉
金融国会で長銀問題が焦点に
長銀を一時国有化
日本債券信用銀行（日債銀）を一時国有化

1999（平成11）
欧州単一通貨ユーロ誕生
第2次公的資金注入（大手15銀行に7・5兆円）
東洋信託銀行が三和信託銀行を吸収
三菱信託銀行が日本信託銀行および東京信託銀行を吸収

2000（平成12）
三井信託銀行と中央信託銀行の合併により中央三井信託銀行が発足
第一勧業銀行・富士銀行・日本興業銀行が経営統合し、みずほホールディングスが発足
長銀が米系投資組合に売却され、新生銀行に改称
金融監督庁と大蔵省金融企画局が統合、金融庁発足
日債銀がソフトバンクほかによる投資ファンドに売却され、後にあおぞら銀行に改称

2001（平成13）
さくら銀行と住友銀行の合併により三井住友銀行が発足
東京三菱銀行、三菱信託銀行、日本信託銀行が三菱東京フィナンシャル・グループを設立
三和銀行、東海銀行、東洋信託銀行がUFJホールディングスを設立
東洋信託銀行が東海信託銀行を吸収
9・11米同時多発テロ
大和銀行、近畿大阪銀行、奈良銀行が大和銀ホールディングスを設立

小渕恵三
森　喜朗
小泉純一郎

松永　光
宮澤喜一
柳澤伯夫

速水　優

2002（平成14）

ペイオフ解禁
三和銀行と東海銀行の合併によりＵＦＪ銀行が発足
東洋信託銀行が社名をＵＦＪ信託銀行に変更
あさひ銀行が大和銀ホールディングスの子会社に
大和銀行があさひ信託銀行を吸収
大和銀ホールディングスが、りそなホールディングスに改称
大和銀信託銀行が、りそな信託銀行に改称
竹中平蔵金融担当大臣就任、金融再生プログラムの実施手順「作業工程表」公表

2003（平成15）

イラク戦争
日本郵政公社発足
大和銀行とあさひ銀行の合併により、りそな銀行が発足
りそな銀行に1兆9600億円の公的資金注入
足利銀行が経営破綻
みずほホールディングスが、みずほフィナンシャルグループに改称

2004（平成16）

住友信託銀行公的資金を完済
住友信託銀行とＵＦＪホールディングスが協働事業化をめぐり法廷闘争へ

2005（平成17）

愛知万博
住友信託銀行の会長に高橋温（私）が就任
三菱東京フィナンシャル・グループとＵＦＪホールディングスが経営統合し、三菱ＵＦＪフィナンシャル・グループが発足
三菱信託銀行とＵＦＪ信託銀行の合併により三菱ＵＦＪ信託銀行が発足

2006（平成18）

住友信託銀行と三菱ＵＦＪフィナンシャル・グループとの訴訟上の和解成立

2007（平成19）

米国でサブプライムローン問題が発生

安倍晋三
福田康夫

竹中平蔵
伊藤達也
与謝野馨
山本有二
渡辺喜美

福井俊彦

2008（平成20）	米国でリーマン・ショックが発生、世界的な金融危機に至る 10月27日、日経平均株価バブル後最安値7162円	（略）	（略）	白川方明
2010（平成22）	欧州でギリシャ危機が発生、欧州債務危機に至る			
2011（平成23）	東日本大震災 住友信託銀行の会長を高橋温（私）が辞任。相談役となる 住友信託銀行と中央三井トラスト・ホールディングスが経営統合し、三井住友トラスト・ホールディングスが発足			
2012（平成24）	住友信託銀行と中央三井信託銀行、中央三井アセット信託銀行の合併により三井住友信託銀行が発足			

ブックデザイン◉遠藤陽一（デザインワークショップジン）
編集協力◉久保田正志

高橋 温（たかはし・あつし）

1941年岩手県生まれ。1965年京都大学法学部卒業後、住友信託銀行入社。東京支店、新橋支店、業務部を経て、1987年業務部長。1991年取締役、1993年常務企画部長、1997年専務を歴任し、1998年社長、2005年会長、2011年相談役。2012年三井住友信託銀行相談役。

金融再編の深層

高橋温の証言

2013年6月30日　第1刷発行

著　者　高橋　温
発行者　小島　清
発行所　朝日新聞出版
〒104-8011
東京都中央区築地5-3-2
電話　03-5541-8814（編集）
　　　03-5540-7793（販売）

印刷所　大日本印刷株式会社

Published in Japan
by Asahi Shimbun Publications Inc.
ISBN978-4-02-331204-3
定価はカバーに表示してあります。